思想政治教育叙事形态探赜

SIXIANG ZHENGZHI JIAOYU XUSHI XINGTAI TANZE

邰鹏峰 著

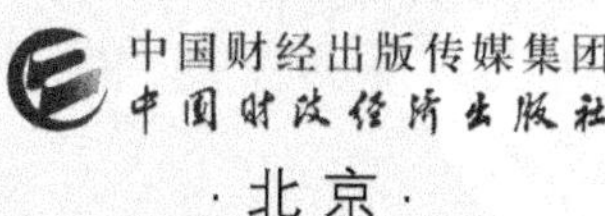

中国财经出版传媒集团
中国财政经济出版社
·北京·

图书在版编目（CIP）数据

思想政治教育叙事形态探赜 / 邰鹏峰著. -- 北京：中国财政经济出版社，2024. 12. -- ISBN 978 - 7 - 5223 - 3435 - 6

Ⅰ. G641

中国国家版本馆 CIP 数据核字第 2024831TU9 号

责任编辑：樊　闽　马宇泽　　　　责任校对：张　凡
封面设计：卜建辰　　　　　　　　责任印制：张　健

思想政治教育叙事形态探赜
SIXIANG ZHENGZHI JIAOYU XUSHI XINGTAI TANZE

中国财政经济出版社 出版

URL：http：//www. cfeph. cn
E - mail：cfeph@ cfeph. cn

社址：北京市海淀区阜成路甲 28 号　邮政编码：100142
营销中心电话：010 - 88191522
天猫网店：中国财政经济出版社旗舰店
网址：https：//zgczjjcbs. tmall. com
北京虎彩文化传播有限公司印刷　各地新华书店经销
成品尺寸：170mm × 240mm　16 开　9. 75 印张　131 000 字
2024 年 12 月第 1 版　2024 年 12 月北京第 1 次印刷
定价：45. 00 元
ISBN 978 - 7 - 5223 - 3435 - 6
（图书出现印装问题，本社负责调换，电话：010 - 88190548）
本社图书质量投诉电话：010 - 88190744
打击盗版举报热线：010 - 88191661　QQ：2242791300

前　言

思想政治教育叙事是一种独特的、卓有成效的思想政治教育方法，是多种因素综合作用的结果。因此，必须系统地考察思想政治教育叙事，不断深化思想政治教育叙事的基础性工作与开创性工作，为今后党和国家前瞻性思考、全局性谋划、整体性推进各项社会事业提供各种现实可能性。

思想政治教育叙事不是单一的叙事结构，而是由多种叙事形态组成，主要包括思想叙事、历史叙事、政治叙事、道德叙事与实践叙事等。每一种叙事形态都具有其自身特有的叙事气质与叙事魅力。研究思想政治教育叙事形态是研究思想政治教育叙事的必然深化，是深刻把握思想政治教育叙事的必然选择。正是对思想政治教育叙事形态的研究与把握，思想政治教育叙事才一一呈现出波澜壮阔的场景，成为学界关注的热点。

思想叙事是中国人民长期致力于中国式现代化、艰辛探索、不断创新、持续实践的结果，是中国共产党不断总结、提炼升华、逐步形成的叙事范式。从时间视域来看，中国式现代化不是一蹴而就的，而是经历了“从0到1”“从1到10”“从10到100”的三个跨越进程，是一个逐步升级发展阶段的过程；从空间视域来看，中国式现代化的发展进程呈现“星星之火，可以燎原”的势头，最终以立体、全方位的发展进路实现空间扩展；从理论维度来看，中国式现代化的理论渊源在马克思主义经典作家的系统阐述，在马克思主义中国化最新理论成果，在中国共产党带领中国人民开辟的中国特色社会主义道路。中国式现代化既是亿万中华儿女的生动实践，也是对人类社会，尤其是对中国历史经验的深刻总结。从动态维度来看，中国式现代化叙事延续百年中国追求伟大民族复兴的叙事逻辑；从本质内涵来看，中国式现代化叙事的核心逻辑在于到底选择一条什么样的现代化道路，中国式现代化道路与西方现代化道路之间的区别和联系何在；从思想叙事的实践维度来看，中国式现代化的思想叙事在于讲清楚中国式现代化的特征与优势，讲明白中国式现代化道路是中国特色的现代化道路，与西方现代化道路在思想基础、发展趋势和内在结构等方面存在本质区别，从而深化对思想叙事的认知。

历史叙事核心是党史叙事。历史叙事是对历史发展进程与社会发展进路规律的真实反映。历史叙事的过程往往就是对人类历史发展进程中的各种现象进行描述、凝练与反思的过程，就是通过历史叙事充分反映人类历史现象背后的本质与规律。党史叙事离不开叙事的基本元素，更离不开党史特有的规律与特点。党性、人民性、政治性等特点贯穿党史叙事的全过程。从作为叙事对象的“人”来看，历史叙事与社会叙事具有相互贯通性。众所周知，生产力是推动社会进步的根本动力。生产力决定生产关系，生产力的发展水平与发展状况决定人们在生产过程的相互关系。社会变革发生的根源就在于生产关系无法适应新的生产力。在中国共产党带领中国人民推进革命、建设与改革的过程中，始终坚持生产力与生产关系的相互作用原则，通过革命推翻了压迫人民、剥削人民的旧制度，为生产力的解放和发展创造前提和基础；通过不断调整和完善生产关系，适应生产力发展的需求，取得社会主义建设和改革的历史性成就；通过不断发展生产力，持续推动社会进步，逐步实现共同富裕，为实现共产主义远大理想创造物质与精神条件。改革开放以来，中国共产党带领全国人民以更加自信的姿态融入世界经济体系、引领世界经济体系，有力促进自身经济社会发展的同时，成为世界经济社会发展的重要引擎。实现中华民族伟大复兴是近代以来中国人民的伟大梦想，是百年大党永恒的奋斗主题，更是推进中国式现代化的内在要求。中国特色社会主义是实现中华民族伟大复兴的必由之路，是中国共产党带领中国人民在长期的实践中开辟出来的正确道路、作出的科学选择，是马克思主义基本原理与中国实际、中华优秀传统文化相结合的结果。沿着中国特色社会主义道路，中国共产党带领全国人民取得了历史性成就，提高了人民的生活水平，推动了社会的全面进步。实践证明，中国特色社会主义道路是实现中华民族伟大复兴的重要内容与根本保证。

全过程人民民主是政治叙事的重要主题。它决定政治叙事的方向、内容与形式，决定政治叙事的实践趋向。全过程人民民主的叙事特点主要体现在：一是在叙事主题方面，始终把人民利益放在首位，强调一切政治活动和决策部署都必须从人民根本利益出发，充分体现出社会主义民主政治的本质属性。二是在叙事素材方面，突出强调实践性、全过程性，以及中国特色社会主义伟大民主实践主要包括的民主选举、民主协商、民主决策、民主管理和民主监督等各个环节。三是在叙事内容传播方面，突出强调从多个维度展开传播，包括政治宣传、教育培训、媒体报道、学术研究等，这些传播方式形成叙事传播矩阵，构成全方位、多层次的叙事体系，聚力人民民主的理念入脑入心。四是在叙事主体方面，突出强调人民群众的主体地位，广大人民群众是全过程人民民主叙事的受益者、参与者与叙事者。他们结合自身的民主实践，讲述民主的生动故事，全过程人民民主叙事必将更加真实、生动和有力。五是在叙事保障方面，突出强调建立了科学的叙事保障机制，比如完善的法律制度、有效的监督机制、广泛的社会参与等。这些机制有力地保障了全过程人民民主叙事的稳定开展，并在实践中不断丰富和发展。总之，全过程人民民主叙事是具有中国特色的宏大政治叙事，是具有典型时代特征的社会主义民主现代化叙事，是以实现人的自由而全面发展为目标的政治生活叙事。

道德叙事是构建人类文明新形态的核心价值取向。道德叙事作为一种深入人心的思想政治教育叙事，其影响已经远远超过简单、粗暴、乏味的道德说教。道德叙事往往以生动、具体、翔实的叙事情节，引领人们置身事内感受道德的力量，从而在深受触动的同时，在心灵深处留下深刻的印记。这一思想政治教育叙事方式既能提升个体的道德境界，更能从整体上推动全社会的道德风尚迈入新阶段。道德叙事承载丰富的传统道德内容，是连接过去、现在与未来的纽带。正是通过道德叙事，人们能深刻体察到人性光辉的瞬间，深入感受无数先辈们崇高的道德品质与坚定的理想信念。这些承载优秀历史文化传统的道德叙事为构建人类文明新形态提供了宝贵的历史经验与无穷的智慧。不仅如此，道德叙事还发挥着塑造社会价值观的意义与作用。正是通过向人们讲述具有代表性与典型性的道德故事，道德叙事引导人们明辨是非曲直、抑恶扬善，形成积极向上的价值取向与行为准则，推动人类文明新形态的构建朝着文明、进步的方向阔步前行。总之，道德叙事具有其自身独特的魅力与深远的影响，在构建人类文明新形态中发挥着不可替代的重要作用。道德叙事不仅仅是开展思想政治教育的有力工具，更是新时代推进文化传承与实现价值引领的重要载体。通过深入研究道德叙事自身存在的优势，必将为构建人类文明新形态贡献更多智慧与力量。

人类命运共同体是实践叙事的重要成果。它以历史唯物主义为指导思想，是对世界历史发展认识的新高度，是对社会历史发展规律分析和把握的新起点。在空间视域，人类命运共同体建设凸显出构建新时代具有中国特色的大国外交理论与实践的内在；在时间视域，人类命运共同体建设深刻体现出思想政治教育实践叙事的内在逻辑理路的必然要求。在人类命运共同体的话语实践中，“人”是实践的主体，是思想政治教育实践叙事指向的对象。只有推动“人”在叙事中的发展，才能从根本上彰显实践叙事的独特魅力与时代价值。

邰鹏峰

2024 年 8 月

目　录

第1章　绪　　论

思想政治教育叙事的可能前提是全面理解和把握叙事在思想政治教育过程中扮演的角色，以及由此引发的根本意义与独特性质。众所周知，思想政治教育是当下培育社会主义核心价值观、形成优秀道德品质的关键步骤。叙事是一种非常传统但富有效力的传播方式，通过对故事的陈述、对情境的展现、对场景的再现，推动人们更深刻地领会现场的信息，更牢固地铭记现场叙事，从而产生情感上的共鸣，催生行动的自觉。思想政治教育与叙事的结合是思想政治教育理论与实践的重要延伸，是思想政治教育理论与实践创新的新高度。

1.1　思想政治教育叙事的缘起

思想政治教育叙事作为比较有成效的思想政治教育方法，并不是突然出现的，而是时代发展进程中人们思想认识深化的必然结果，是多重因素交织而成的必然产物。其原因是多方面的、多维度的。

一是传统思想政治教育方法存在局限性，难以满足当下的思想政治教育需要。传统的思想政治教育方法，无论是灌输式的思想政治教育方法，还是说教式的思想政治教育方法，虽然在某一阶段甚至某一时期发挥了巨大的作用，产生了一定的效果。但是随着时代的发展与社会的进步，这些方法愈显单薄。受教育者对其单调乏味的思路与手法有抵触，时间一久，往往影响思想政治教育的实际效果。在这一背景下，思想政治教育方法的革新显得尤为重要。叙事作为一种传统且富有活力的传播方式，为思想政治教育方法的创新提供了可能、开辟了思路。叙事的优势在于通过引人入胜的故事讲述与精彩纷呈的场景呈现，将抽象的、枯燥的理论知识和价值观念转化为直观、精彩、生动的内容。这样的思想政治教育方式往往更能吸引受教育者的注意力，更能激发他们对思想政治教育内容的兴趣。

二是受教育者的认知不断随时代进步而有新变化，由此产生的需求呈现新特点。当今世界，社会的演进与科技的进步一日千里。当代受教育者的认知习惯与需求已经发生了根本性的变化，他们接触到的信息往往是海量的、多元的、碎片化的。这一变化的涌现，使受教育者更加偏好直观而富有趣味性的方式汲取知识、提高认识、发展自我。在这一背景下，思想政治教育叙事及时地贴近受教育者的认知需求，以或真实、或构思精巧的叙事，生动展现细腻的情境，有助于受教育者更加深入地理解和牢固记忆思想政治教育的主要内容，有效激发受教育者的情感共鸣，在受教育者的内心深处产生回响，从而显著提升思想政治教育工作的实际效果与精准程度。

三是情感教育日益受到重视并成为思想政治教育的重要内容。众所周知，思想政治教育不仅仅是知识的传授，更是涉及情感交流、情感认同与价值认知的塑造。因此，将情感元素巧妙地引入思想政治教育全过程，日益成为思想政治教育的重要工作内容。思想政治教育叙事以其特有的饱含深情的感染力成为情感教育的不二选择。思想政治教育叙事能够在潜移默化中触发受教育者的情感，让受教育者在轻松愉悦的氛围中接受思想政治教育，在引发强烈情感共鸣的同时，增强对价值观的情感认同。这种思想政治教育方式有利于深刻提升受教育者的道德素养，深入培养受教育者的社会责任感，形成对他人、对社会、对国家的同理心和强烈的人文关怀精神。

四是成功的案例与实践经验，为思想政治教育叙事的探索提供了坚实的支撑。通过长期的思想政治教育实践，许多思想政治教育理论研究者与一线实践者逐渐发现了思想政治教育叙事的显著成效。引人入胜的故事讲述、鲜活生动的情境呈现，不仅会激起受教育者的浓厚兴趣，还能进一步培养他们的道德素养与创新精神。在思想政治教育的具体工作中，越来越多的思想政治教育工作者在课堂上引入思想政治教育叙事方法，将生动、具体、鲜活的故事融入思想政治教育，并取得了不错的效果。同时，围绕思想政治教育叙事一些研究者也不断思考与探索，形成了一系列的研究报告、论文与著作，有力推动了思想政治教育叙事方法的深入应用与持续发展、广泛普及与提升。

五是社会发展的需求推动思想政治教育叙事的深入开展。当前，随着社会环境的日新月异与不断演变，对思想政治教育本身有着更多更高的要求。这主要源于人们对个体全面成长与综合素质提升的重视，源于对社会主义核心价值观培育与良好道德品质塑造的更高要求，源于社会各界对思想政治教育工作的深切关注。这些对思想政治教育的要求主要体现在思想政治教育工作要与受教育者的认知需求高度同步，要与受教育者的情感特征高度契合，要高效传递社会主义核心价值，要积极弘扬正能量。而思想政治教育叙事在应对这些现实需求方面发挥出应有的作用与价值。这恰恰说明是社会的发展有力推动了思想政治教育叙事的产生与发展。

1.2　思想政治教育叙事的可能性

思想政治教育叙事之所以成为可能，一是在于叙事本身所具备的独特优势。叙事的力量在于将抽象深奥的理论知识与价值观念转化为生动、具体、鲜活的故事，转化的过程是学生聆听、思考与汲取思想政治教育内容的过程。这一思想政治教育方式，相比于传统的、单向度的说教或理论灌输，更能引发受教育者的兴趣，贴近受教育者的实际，更能激发受教育者深度思考、自我反思与主动践行，更能触动受教育者的情感，产生心灵的共鸣，进而大大提升思想政治教育的实际效果与针对性、可行性。二是在于当下教育环境的迅速变化与受教育者需求的多元。与其相对应，直观、富有动态、鲜活生动的思想政治教育方式，日益成为受教育者信息接收与认知提高的重要方式。因此，叙事元素融入思想政治教育自然成为思想政治教育工作者的共识。

具体来讲，思想政治教育叙事的可能性主要体现在以下几个方面：

一是符合受教育者的认知心理。相关研究显示，人们更倾向于对具有故事性的信息拥有深刻记忆，透彻理解。思想政治教育叙事就是通过讲述蕴含道德教育意义的故事，引导受教育者更深刻地理解、更全面地内化教育内容。实践证明，这一方法与受教育者的认知心理高度一致，能够显著提升思想政治教育效果。

二是多样而丰富的叙事资源。思想政治教育叙事资源非常广阔，既有来自历史长河中的丰富资源，也有来自文化视域的深厚资源，还有生成于现实生活的鲜活资源。这些叙事资源的组成包括真实发生过的历史事件、寓意深远的虚构寓言等。只要能够向全社会传递正能量、聚焦积极向上的价值认知，只要聚力宣传社会主义核心价值观，都可以被巧妙地融入思想政治教育叙事。具有多样化与多元性的素材选择将赋予思想政治教育叙事更多的适用性、更强的灵活性、更科学的针对性，将使得思想政治教育叙事更符合教育的要求与受众的特点。

三是有效提高批判性思维能力的需求。思想政治教育叙事的价值不仅是知识的传递，还包括持续有效地提升受教育者的批判性思维能力。思想政治教育叙事的主体以丰富的叙事素材巧妙地引领受教育者深入思考故事内涵，深入挖掘叙事素材背后的道德启示与社会价值，并最终帮助受教育者形成独立的见解与批判性思维。这一批判性思维有利于受教育者综合素质的全面提升与个体的全面发展。

四是飞速发展的技术支持。科技的飞速发展为多媒体的快速迭代、网络技术的革新，提供了更多机会与可能，也为思想政治教育叙事开辟了更多可能性。借力于先进技术手段的支持，思想政治教育叙事的呈现形式将更加多元，比如图文结合、音频解说、视频播放等形式，这也会极大地增强叙事的生动性与趣味性，有力地实现了思想政治教育资源的便捷共享与实时互动。由此，思想政治教育叙事有了更加广阔的空间与舞台，进入前所未有的状态，驶入高速发展的快车道。

1.3　思想政治教育叙事的有效性

思想政治教育叙事的可能在于其独特的有效性，比如思想政治教育叙事者需具备一定的叙事能力和技巧。如何选择合适的故事、如何生动地讲述故事、如何引导受教育者从故事中提炼出思想政治教育的核心要义等，都是教育者要掌握的叙事能力。同时，教育者还需要不断学习和更新自己的知识储备，以便在叙事过程中能够旁征博引、深入浅出地阐释教育内容。除了教育者的叙事能力外，受教育者的参与度和反馈也是思想政治教育叙事成功与否的关键因素。受教育者需要积极参与到叙事过程中来，通过提问、讨论等方式与教育者进行互动，以便更好地理解和内化教育内容。同时，受教育者的反馈也能帮助教育者不断优化叙事方式和内容选择，从而提高和增强思想政治教育的质量和效果。

具体来看，思想政治教育叙事的有效性主要体现在以下几个方面：

一是提高思想政治教育内容的吸引力和感染力。思想政治教育叙事借助生动、具体的故事情节，巧妙地将原本抽象、枯燥的理论知识演绎成引人入胜的叙述，从而显著提升了教育内容的吸引力和感染力。受教育者通常更易被趣味横生的故事吸引，进而对教育内容萌生浓厚兴趣。这种叙事方式有助于学生更深刻地理解和接纳思想政治教育所倡导的价值观和道德观念。

二是促进受教育者的道德认知和情感共鸣。思想政治教育叙事通过讲述富含道德教育深意的故事，有助于学生构建正确的道德认知。同时，这些故事中蕴含的丰富情感元素能够触发受教育者的情感共鸣，促使他们在情感层面认同并接纳所传递的价值观和道德准则。这种情感上的认同与共鸣，是单纯理论教育难以触及的层面，体现了思想政治教育叙事作为一种独特且高效的教育方式的显著优势。

三是增强受教育者的实践能力和社会责任感。思想政治教育叙事不仅聚焦于学生的道德认知与情感共鸣，更进一步着眼于培育其实践能力和社会责任感。借助故事中的情节展开与人物行为示范，受教育者得以学习如何在日常生活中实践道德准则与价值观，从而切实提升自身的实践能力。此外，这些精心挑选的故事还旨在引导受教育者深刻认识到作为社会成员所肩负的责任与义务，进而加强他们的社会责任感。

四是提升思想政治教育的针对性和实效性。传统的思想政治教育模式常受到“一刀切”的诟病，未能充分考量受教育者的个体差异。相较之下，思想政治教育叙事展现出更高的灵活性，它能根据受教育者的年龄层次、性别特点和个人兴趣等因素，量身定制适合他们的故事内容与教育方式。这种做法不仅提升了教育的针对性和实效性，而且以其个性化的教学方法更好地契合了受教育者的需求，让受教育者在轻松愉快的氛围中自然地接受教育熏陶。

五是促进教育者与受教育者之间的互动和交流。思想政治教育叙事为二者间的互动与交流构筑了一个理想的平台。教育者可借助故事讲述来引导受教育者进行深入思考和热烈讨论，而受教育者亦可通过分享个人的感受与见解来与教育者进行有意义的互动。这样的交流机制不仅有助于缩短二者间的心理距离，更能增进双方的信任与理解，进而显著提升思想政治教育的实际成效。

总之，在未来的思想政治教育实践中，要积极探索和创新叙事教育的形式和方法，不断丰富和完善教育内容体系，以适应时代发展的需要和受教育者成长的需求。不仅如此，还要不断总结经验教训，持续改进和提升思想政治教育叙事的实效性和针对性，为培养德智体美劳全面发展的社会主义建设者和接班人贡献智慧和力量。

第2章　聚焦中国式现代化本源的思想叙事

思想叙事视域是一种思维范式，更是中国式现代化思维范式的重要组成。思想叙事更多的是通过对过去、现在和未来的深刻把握、深入洞察与全面分析，彰显中国式现代化的本质特征、现实运行与未来发展趋向。纵观中国式现代化的提出与阐释，不难发现，中国式现代化是推进中华民族伟大复兴的根本路径，中国式现代化的叙事思路是“基本路径—形成过程—性质方向—共同特征—特色内涵—实践原则”，其内在叙事逻辑是回答、回应、回馈中国式现代化“是什么、干什么、怎么干”的问题。因此，亟须从思想叙事的视域深刻把握中国式现代化的时间、空间与理论三个维度，为不断谱写新时代中国特色社会主义绚丽华章奠定坚实的基础。

2.1　时间视域的中国式现代化三重跨越

从中国近现代历史进程的视角来看，中国式现代化历经“站起来”“富起来”“强起来”三重跨越。三重跨越的历史进程深刻呈现出思想叙事范式的重要作用。在思想叙事范式框架下，实现对三重跨越的深刻反思，以及对历史进程涌现问题的敏锐洞察，为中国的未来发展提供推演依据、清晰发展理路与坚定不移的方向，是非常紧迫的时代课题。

众所周知，中国式现代化是马克思主义中国化时代化的最新理论成果，充分展现出马克思主义中国化时代化的新境界。一般地，中国式现代化始于1949年，奠基于1949—1978年，快速发展于1978—2012年，成熟于2012年至今。同时，奠基阶段对应于第一重跨越“站起来”，快速发展阶段对应于第二重跨越“富起来”，成熟阶段对应于第三重跨越“强起来”。无论是哪一重跨越还是哪一阶段，都具有鲜明的特征。中国式现代化蕴藏于每一重跨越，是每一重跨越的积累和呈现。因此，既要从总体性视角把握中国式现代化的特征与规律，也要从思想叙事范式的维度把握中国式现代化的阶段性特征与规律。

在第一重跨越“站起来”时期，思想叙事范式引领中国人民实现自我觉醒，主动摆脱封建思想的束缚，坚定对民族未来与国家发展的信心；在第二重跨越“富起来”时期，思想叙事范式引领中国人民抓住时代发展的新机遇，顺势而为，积极投身改革开放与社会主义现代化建设事业，实现经济社会的快速发展；在第三重跨越“强起来”时期，思想叙事范式引领中国人民树立强烈的历史自觉、文化自觉与行动自觉，奔赴中华民族伟大复兴的新征程。

2.1.1 引领中国人民“站起来”

自1949年开始，中国人民进入经济社会发展的大探索、大开拓与大突破时期。在这一时期，主要是基于新民主主义革命的经验基础，开展制度创新与发展道路的探索，持续探索中国式的工业现代化之路，为中国式现代化的起飞厉兵秣马，为中国式现代化的快速推进奠定坚实的基础，积累丰富的经验与教训。

在这一时期，具有决定性意义的中国式现代起步是新中国完成向社会主义的过渡，进入社会主义建设的轨道，开启“五年计划”。毋庸置疑，1953年起步并推进实施的第一个五年计划拉开了中国式工业化序幕的同时，也拉开了中国式现代化的序幕。1949—1978年最重要的成就是形成了具有中国特色的、符合中国实际的国民经济体系和现代工业体系。尽管中间有波折、有挑战，但中国工业以10.9%的年平均增长率，实现了从无到有。据统计，1978年，工业总产值已经占国民经济总产值的75.2%，远超农业总产值，其中重工业总产值占工业总产值的 56.9%。[①]

这一时期是中国共产党和中国人民逐步深化对工业化认识的时期，也是思想政治教育叙事逐步呈现的时期。过分强调重工业带来的副作用引发国人的思考，并逐步探索从单一的工业化转向全面的、系统的现代化。1954 年周恩来总理在《政府工作报告》中明确提出，要建设强大的现代化的工业、现代化的农业、现代化的交通运输业和现代化的国防[②]。此后，毛泽东、周恩来等党和国家领导人多次对现代化进行阐述，逐步形成“四个现代化”的概念和理论认识。

从思想叙事范式的历史性特点出发，对第一重跨越“站起来”的考察，不能局限于这一时期，要追溯考察 1949 年以前的工业化进程。纵览人类社会的发展历史，世界现代化发展进程始于 19 世纪 40 年代英国的工业革命。不言而喻，这一世界现代化发展进程是资本主义主导的现代化，对世界各国尤其是近代中国影响至深至远。当时的中国是世界现代化进程中的最边缘区域，是世界发达国家的原料来源地与产品倾销地，是世界现代化浪潮的席卷地。这一特殊的中国国情推动中国的先进知识分子思考中国现实，主动探寻中国现代化道路。于是，就有了向西方学习的口号与行动。从魏源提出“师夷长技以制夷”，到张之洞、李鸿章等人发动“洋务运动”，到轰轰烈烈的维新运动，筚路蓝缕、历尽艰辛、成效有限。从辛亥革命致力于彻底推翻封建制度，到陈独秀、胡适等平民知识分子力倡的“西化思潮”，再次印证在中国走资本主义现代化道路是行不通的。

遵循思想叙事范式所强调的敏锐洞察和深入分析，对第一重跨越“站起来”的考察，自然会发现始于 1949 年的中国式现代化，是具有中国特点、时代特征的现代化，是把马克思主义基本原理与中国国情相结合的现代化，是必须坚定不移走自己的路的现代化。这是以毛泽东等为代表的老

---

① 国家统计局编．中国统计年鉴（1991）[M]．北京：中国统计出版社，1991：56－57.

② 周恩来．1954 年国务院政府工作报告——1954 年 9 月 23 日在中华人民共和国第一届全国人民代表大会第一次会议上 [N]．人民日报，1954－09－24（001）.

一辈无产阶级革命家艰辛探索的结果，是借鉴苏联经验教训形成的比较正确的认识，更是中国共产党人宝贵的实践经验。

作为中国式现代化的第一重跨越，是破冰之路，挑战多、问题多、制约多是这一时期的鲜明特征。人口多、底子薄、贫穷落后等是绕不开、绕不过、无法绕的具体实际，这深刻决定了刚刚起步的中国式现代化，选择公有制为基础的社会主义经济制度，以高度集中的计划经济体制实现工业化的迅速推进。所以，只有符合中国国情的中国式现代化之路才能从根本上破解中国式现代化之困。

同时，也要清醒地看到，中国式现代化在深层次上是受中国几千年传统历史文化的制约和影响的。其中既有正面的、积极的影响因素，也有消极的、负面的制约因素。这就要求必须正确处理中国式现代化与传统文化之间的关系，努力做好传承与扬弃，做到守正创新，既要传承、弘扬中华优秀传统文化，以中华优秀传统文化丰富中国式现代化的文化底蕴，也要勇于摒弃传统文化中的负面因素，剔除封建糟粕对中国式现代化的制约，积极建设能适应时代发展需求、回应时代发展诉求的中国式现代化。

2.1.2 引领中国人民“富起来”

1978 年改革开放以来，党和国家的思想叙事开启“以经济建设为中心”的时代进程。“以经济建设为中心”逐渐成为推进社会主义现代化建设的基本路线，成为思想叙事范式引领中国人民“富起来”的重要抓手。邓小平根据党内外、国内外经济社会发展实际，敏锐发现和捕捉到经济发展的战略机遇，创造性地提出“中国式的现代化道路”这一重要时代命题。“对内改革、对外开放”“社会主义市场经济”“把世界一切先进技术、先进成果作为我们发展的起点”① 等一系列话语内容成为新时期社会

① 中共中央文献研究室．邓小平思想年编：一九七五—一九九七［M］．北京：中央文献出版社，2011：127.

主义现代化建设的根本思想叙事。随后，邓小平依据当时全球化的发展态势，结合当时中国的实际，及时提出“三步走”战略，并深刻总结中国近代以来现代化建设的经验，认为“我们的现代化建设必须从中国的实际出发……把马克思主义的普遍真理同我国的具体实际结合起来，走自己的路，就是有中国特色的社会主义，这就是我们总结长期历史经验得出的结论”①。因此，“中国式的现代化”的本质要求是具有中国特色的社会主义现代化，是“既有传承精华，又有守正创新”的社会主义现代化，是“立足中国大地，放眼世界各地”的社会主义现代化。中国人民“富起来”的现代化思想叙事由此达到新高度，中国人民“富起来”的现代化思想叙事范式至此已经形成。

在现代化内涵与目标叙事上，党和国家领导人从经济、政治和文化三个维度旗帜鲜明地提出物质文明、政治文明和精神文明三位一体的现代化叙事。在经济叙事维度，邓小平敏锐地发现了传统的脱离生产力形成错误认识的局限性。在政治叙事维度，邓小平旗帜鲜明地提出，民主是社会主义政治现代化的基石，没有民主的现代化不是社会主义现代化②。推进社会主义民主政治建设就必须坚持依法治国，必须坚持推进社会主义民主的制度化、法律化。在文化叙事维度，邓小平突出强调了社会主义精神文明建设的必要性、重要性与可行性，江泽民论述了以德治国与以法治国相结合，着力提倡发展“面向现代化、面向世界、面向未来的、民族的、科学的、大众的社会主义文化”③。三个维度的思想叙事是一个有机的整体，互为犄角，不可或缺。

在发展战略叙事上，党和国家领导人非常注重对社会主义建设规律的探索与总结提炼。对社会主义建设规律探索的前提是基本国情。社会主义初级阶段是中国最大的基本国情。推进改革开放与社会主义现代化建设的

---

① 邓小平文选（第 3 卷）[M]. 北京：人民出版社，1983：2-3.
② 邓小平文选（第 2 卷）[M]. 北京：人民出版社，1994：168.
③ 江泽民文选（第 2 卷）[M]. 北京：人民出版社，2006：18.

所有举措都必须以基本国情为依据，不能逾越这一阶段，更不能落伍于这一阶段。同时，邓小平强调现代化发展战略叙事不是静态的，不是一成不变的，而是与时俱进的、因时而变的。以马克思主义时代观为参照，聚焦汹涌澎湃的全球化浪潮，邓小平认为世界进入知识经济时代，必须结合科教兴国战略与可持续发展战略推进改革开放和社会主义现代化建设。这一思想叙事的提出，源于新科技革命的突飞猛进形成了内涵式经济增长态势，源于智能物化与科技创新形成的知识经济体系，源于以知识和信息的生产、存储、使用和消费为运行机制的新经济体系。

在全球性和民族性叙事上，开放是邓小平理论最重要的内容之一，是推进中国社会主义现代化建设的重要一招。闭门造车不是社会主义现代化建设，闭关锁国也不是社会主义现代化建设。打开国门，积极参与全球化进程是社会主义现代化建设的题中应有之义。以平等互利为基础，与世界各国开展交流与合作，大力参与全球分工与国际竞争，是思想叙事范式引领中国人民“富起来”的必然选择。事实充分表明，围绕分步骤、多层次、逐步推进的战略叙事，聚焦中国社会主义现代化建设这一目标，国家形成全方位、多层次、宽领域的开放格局，加入了 WTO。在全球性叙事背景下，中国的对外投资实现全球化布局，中国的商品实现世界化销售，中国的生产与贸易实现跨国化推进。因此，基于全球性与民族性叙事，中国的社会主义现代化建设是内外互动的现代化建设，是双向融通的现代化建设，是既有中国自身特点又遵循现代化规律的现代化建设。

在类型叙事上，中国的改革开放与社会主义现代化建设是外源叙事与内源叙事有机统一的现代化。单靠一心一意谋建设难以实现稳定的、可预期的现代化，单靠外部的介入与影响也难以实现可持续的现代化。因此，邓小平强调对外开放中必须坚持独立自主、自力更生，这是关于社会主义现代化建设的经典思想叙事，充分反映出国家领导人对社会主义现代化建设的独创性认识。对于泱泱中华大国，人口众多，经济社会发展基础薄，靠外部实现社会主义现代化，犹如“老虎吃天”。因此，中国的社会主义现代化建设是内源叙事主导的现代化。没有亿万人民群众为现代化建设贡献智慧和力量，没有亿万人民群众的热情投入、敢为人先，社会主义现代化建设就是“海市蜃楼”。同时，社会主义现代化的叙事进程具有较强的典型性与独特性，这意味着中国的社会主义现代化不是西方国家“竭泽而渔”的现代化，不是东亚所谓新儒家现代化，更不是苏联以重工业为核心的社会主义现代化，而是符合中国实际、贴近人民实际、与中国国情相结合的现代化，是全面、协调、可持续的现代化。

2.1.3　引领中国人民“强起来”

现代化实践是人类社会的伟大创造，是世界历史进程的杰作，是一般性与特殊性有机结合的现代化。现代化的一般性意味着现代化不是一国、一地区所特有的现代化，而是具有一定本质规律的现代化，具有共同特性的现代化。现代化的特殊性则意味着一个国家、一个地区的现代化是与其本国、本地区实际情况相符合的现代化。中国式现代化则是具有鲜明中国特色、时代特色的现代化，是顺应时代潮流、推动中国“强起来”的现代化。

思想叙事引领推动中国规模人口提质增效。联合国曾经发布报告指出，“人是一个国家真正的财富”①。当前发达国家人口总规模不超过 11 亿人，中国人口达 14 亿人。两相比较，不言而喻，中国式现代化是一个不同于西方国家的现代化。中国式现代化首先是中国规模人口“强起来”的现代化。规模人口的存在，既是中国式现代化的优势，也是中国式现代化的机遇。规模人口的存在意味着适龄劳动人口数量庞大，意味着将为国家经济社会发展源源不断输送人力资源，更意味着创新发展的可能性随之不断增强。国家统计局有关数据表明，我国劳动年龄人口平均受教育年限逐年递增，已经突破十年大关。这将意味着一个规模人口的潜在力量在逐步加强，一个与快速发展的经济社会相匹配的人力资源优势正在显现。潜力无

① 联合国开发计划署. 1990 年人类发展报告［R］. 伦敦：牛津大学出版社，1990：9.

限的规模人口必将为中国式现代化的实现提供有力支撑。同时，也要看到，规模人口的存在也是风险与问题的存在。人口越多，人们之间存在的差异越大，复杂性就越强，统筹资源的难度就越大，推进中国式现代化的阻力就越大。毋庸置疑的是，适龄劳动人口在不断增加的同时，老龄人口也在不断增加，“未富先老”的现象以及由此带来的问题在某些地区已经出现。没有现成的经验可以参照，没有书本的理论知识可以提供指导。这对当前推进中国式现代化提出了严峻挑战。因此，必须深入探索适合中国国情的现代化之路，既总结提炼人口与经济社会发展、与生态平衡之间的内在规律，也采取多种措施优化人口总量与质量，发挥规模人口的优势，推动中国式现代化行稳致远。

思想叙事引领推动中国人民走向共同富裕。富裕是几千年来无数国人的梦想和追求，共同富裕是几千年来无数仁人志士为之奋斗的目标。但是，因为种种原因，都归于失败，没有成为现实。今天，共同富裕成为亿万人民群众共同的心声，成为扎扎实实的实际行动。为此，要努力解决当前两大挑战。一是消除乡村与城市的差距。要消弭这一差距，就必须在大力推动广大人民群众在脱贫的同时，走进致富的快车道；在实现农民增收的同时，高度重视农民、农村与农业的增效，大力加强乡村基础设施建设。二是要消除区域之间的差距。这一差距既有东中西部地区之间的差距，也包括南北部地区之间的差距；既有收入之间的差距，也有基础设施、公共服务与社会治理水平之间的差距。最为典型的数据是最近几年人均 GDP 超过 10 万元的省份大多集中在东部沿海地区，其他地区一时望尘莫及。从思想叙事的视角来看，消弭地区之间的差距，既要从局部出发谋求解决关键问题，也要从整体出发谋求统筹规划；既要重视当下的问题与挑战，还要重视长远的规划与制度安排。

思想叙事引领推动物质文明与精神文明相协调。为何提出“物质文明与精神文明相协调”？其根源在于反观西方现代化历程时，我们发现过分重视物质文明、没有同步推进精神文明的现代化，是存在问题的现代化，是没有灵魂的现代化，是迷惘与失落盛行的现代化。物质文明与精神文明相协调不是传统的“仓廪实而知礼节”，不是简单的“物质变精神”“精神变物质”，而是在物质富足的同时，推进国家与民族精神的创新性发展，实现中华优秀传统文化的创造性转化。一则通过纪念日、周年庆等活动，推动国家精神与民族意识的自在自为；二则通过翔实的案例、生动的故事，向世界展示中国形象，促进世界文明的交流互鉴。这些举措与做法必将为国家经济社会发展提供强有力的思想支撑，为中国式现代化的蓬勃发展提供更多精神力量。

思想叙事引领推动人与自然和谐共生。纵观人类社会的发展历程，无论是东方社会的“天人合一”理念，还是西方社会的生态学思想，无不深刻体现出人与自然之间的“共同体”关系。从自然中不断索取的现代化，“竭泽而渔”的现代化，一定是遭到自然报复的现代化，更是有巨大瑕疵的现代化。正是人类社会的工业化进程引发了生态问题，正是西方的现代化进程牺牲了生态环境，人与自然的和谐共生成为超越西方现代化的共识。这将意味着在生产与生活方式中要突出人与自然和谐共生，既重视物质文明的建设，也重视生态文明的建设；既大力推进现代化的进程，也大力避免西方现代化进程中的“先污染后治理”。

思想叙事引领推动和平发展。和平发展是世界各国人民的期待，是世界各国政府孜孜不倦的追求。但是世界发展进程的差异、多样与复杂，又会不断造成与引发摩擦、矛盾甚至战争。如何有智慧地实现和平发展成为崭新的时代课题。和平发展之路是中华民族伟大复兴的题中之义，是顺应时代发展潮流的必然选择，是融入世界发展进程的最优选择。回首过往，人类社会的发展从来都不是一帆风顺的，国家的崛起与复兴往往伴随着许多残酷。有的伴随着殖民战争，比如西班牙、英国等；有的伴随着世界性的战争，比如德国。这些过往既是中国发展道路的镜鉴，也为中国发展道路的选择提供参照。这将意味着中国式现代化之路，不是殖民之路，不是战争之路，既不会为维护本国经济社会发展去征服其他国家，也不会去推翻、颠覆其他国家政权。中国更多是着力于长远，谋求于经济社会发展的根本，为其他国家提供便利与发展机会，引导全球经济社会发展的同时，倡导全球经济社会和平发展。

2.2　空间视域的中国式现代化三个维度

马克思与恩格斯在他们的经典著作中，对空间叙事屡有阐述，“在生产力发展的一定阶段上，总是需要有一定的空间……生产的扩大超过这种界限，也就要求扩大土地面积”①。生产要素中的土地等地理条件是马克思主义空间经济学的重要研究内容。正是在这个意义上，列斐伏尔、哈维等学者认为，马克思主义不仅是历史的唯物主义，也是空间的唯物主义，“资本积累向来就是一个深刻的地理事件。”② 正是由于空间维度的存在，创造了发展的可能性与现实性，实现了资本主义功能的深化与发挥。

2.2.1　空间融合与空间发展

众所周知，城市空间在现代化进程中扮演了重要角色，是劳动力参与生产、生活的场所，是社会生产与财富积累的物质载体，更是社会大生产有序运行的根本前提。没有城市空间的生产、流通与消费，就不可能有城市的存在与发展，更不可能有经济的运行。城市空间以其特有的聚集性、密集性与吸引力成为现代化建设的核心载体。但是，毋庸置疑，随着经济的发展，城市空间逐渐难以容纳经济运行的新成果，难以支撑经济运行所需的空间。于是，就发生了城市空间的溢出效应，进入其他的空间，实现自身空间的演绎与拓展，即从“空间内的生产”转向“生产空间”。因此，

① 马克思恩格斯全集（第25卷）［M］. 北京：人民出版社，1974：880.

② 大卫·哈维. 希望的空间［M］. 胡大平译，南京：南京大学出版社，2006：23.

不难发现，现代化的进程必然伴随着乡村城市化的进程，必然是城市空间不断集聚、引爆与扩展的过程。“集聚”是劳动力、资源与社会关系的聚集与优化，“引爆”是随着空间经济的深化，出现空间经济的溢出效应，“扩展”则意味着空间再造。“再造空间”“生产空间”的同时，也进一步加剧了城乡之间的区分。类似的事情，还存在于经济发展进程中东部、中部、西部地区之间的巨大差异。

中国式现代化是解决人口规模问题的现代化，是致力于人民共同富裕的现代化。这必将意味着推进中国式现代化的进程，就是要努力做到区域协调发展，努力实现城乡融合发展，最终达成国家治理能力与治理体系现代化。正是在这个意义上，构建新发展空间格局，协调区域发展，推进城乡融合，进而优化国内经济大循环，是中国式现代化的应有之义。

什么是区域协调发展？如何协调区域发展？区域发展一体化是区域协调发展的最高形态，也是实现全体人民共同富裕的重要指征。区域发展的一体化是区域协调的必然指向。促进区域协调发展，则意味着以开放与改革实现区域经济的紧密联系，实现经济发展的深度融合，达成区域经济发展的高度依赖。在这一过程中，空间的生产要素与资源配置效率得以优化，空间的横向联系与协作分工得以深化，形成经济发展的一体化综合体，有力抵御来自外部空间的经济介入，确保中国式现代化的平稳实现。

区域协调发展的提出背景在于改革开放以来，经济社会快速发展衍生出的新情况、涌现出的新问题。从最初的空间发展非均衡策略，优先发展东部区域，到推出开发西部、振兴东北老工业基地、实施中部崛起战略，经济社会发展了，人民群众的生活逐步改善了，但是由此带来的新问题则是：空间内收入差距拉大、落后区域的“萧条”与发达区域的“城市病”随之而来，空间生态环境问题日益突出。其本质在于空间发展的不充分与不均衡。因此，一要在空间经济一体化上下功夫做文章。不同区域空间自身的要素禀赋差异较大，但互补性强；不同区域空间的产业级差较大，但各有优势。因此，要聚力不同区域空间的合作机制建设，推进不同区域空间的优势、资源融合，畅通不同区域空间的发展循环，形成区域空间协调发展的一体化格局。二要充分发挥政府的空间主导作用。政府在区域协调发展中的地位是不容低估的，从资源与产业的大统筹、大调整、大布局，到市场的整合、制度性成本的降低，到发展的高质量，政府尤其是中央政府的突出作用是有目共睹的。三要致力于中心城市与城市群的空间优化。区域协调发展的前提是空间生产的高质量，是空间生产的内部优化。中心城市与城市群自身的人力资源优势、空间要素优势、空间市场优势是空间生产的天然优势，也是中国式现代化的根本优势。同时，中心城市与城市群的空间核心位置必然产生区域经济社会发展的品牌效应，形成巨大的联动效应。

城乡二元差异的存在源于计划经济体制的确立以及由此带来的二元经济发展思维。计划经济体制的导向往往是建立国有重工业体系，推进城市工业的高度集中与城市运行的高消费，大量出口农副产品及其加工品，这一模式的本质在于弱化农村发展空间，强化城市发展空间，人为地造成城乡差距，造成城乡经济社会发展的失衡，甚至出现了“农民最苦，农村最穷，农业最危险”的说法。

城乡二元差异的突出表现就是城乡经济发展失衡，形成中国式现代化的突出挑战，严重制约了空间经济要素的畅通运行与循环利用，是中国式现代化进程中最为突出的结构性问题。因此，一要大力推进新型城镇化建设，以城镇化赋能空间经济循环。不言而喻，城镇化的推进既能形成巨大的空间要素需求，也能形成空间资源与优势互补效应，为空间经济一体化奠定基础。从这个意义上讲，城镇化的进程就是构建新空间经济发展格局的过程。城镇化的推进必然重塑城乡户籍制度、土地管理制度与住房保障制度等制度体系，必然为城市群、都市圈的优化发展承接更多压力。二要把农村、农业的发展作为推进中国式现代化的重中之重。现代乡村是当下空间经济发展的重要着力点。“产业兴旺、生态宜居、乡风文明、治理有效、生活富裕”既是乡村振兴的总要求，也是空间经济发展成效的重要指标。践行“制度是空间经济运行的基石”这一理念，巩固农村基本运行制度，推进农业农村经济社会发展，培强建优农村基础设施与基本公共服务；深化土地制度改革，在农民增收上做文章，在基本生活保障上下功夫，在农民消费上提层级。同时，要把空间要素的释放与盘活作为首要任务来抓，突出注意把握空间中乡村与城市、政府与市场等要素的关系。

2.2.2 空间开放与空间再造

随着经济的发展，资本不断完成积累，空间开放成为资本的必然追求。这源于两个方面：一是资本的属性。资本无限扩张的本性带来的现象级改变必然是生产工具、生产关系不断被变革，资本不断打破地域的空间限制，在全球扩展与蔓延；必然是资产阶级奔走于世界各地，在奔走中建立关系，开发新产品，实现自身价值与利益的最大化。空间开放成为资本缓解自身发展压力的手段，成为缓解全球经济发展压力的工具。资本为自身生存考虑，不断推进空间开放，不断寻找自身生存与发展的土壤。二是解决空间发展不平衡的需求拉动。资本的游走与利益本质，形成了资本的世界化与全球化，造成世界经济政治发展的不均衡态势。要深入解决资本导致的空间经济发展的不均衡，消解资本对空间正义的践踏，就必须不断推进空间再造，打破长期存在的资本的非对称关系，就必须解构资本积累的区域化。

众所周知，中国式现代化是走和平发展道路的现代化。推进安全高效的开放体系建设，打造与新发展格局高度一致的人类命运共同体，共建“一带一路”国家合作平台，是中国式现代化的题中之义。前者是现代化进程中的空间开放范畴，后者是现代化进程中的空间再造范畴。放眼全球，空间经济发展的长期失衡日益制约着世界经济的进一步发展。只有从空间要素的交换、重组与提升的视域，构建“一带一路”国际循环机制，推进自由贸易区、自由贸易港建设，才能以切实的举措与行动解决资本自身的发展局限，破解长期困扰世界经济发展的时代课题。推进中国式现代化，必须着力于适应全球化经济发展大潮的空间开放，着力于推进资本在世界范围内的有序流动与健康成长，在克服与解决空间问题中实现空间规则与机制再造，促进社会生产力的大发展大进步，从而推进人类命运共同体的构建与完善。

没有空间开放就不可能有空间生产的快速推进。空间开放的另一端是空间封闭。空间封闭举措的结果必然是醉心于自我封闭，无心学习先进生产力，对新生事物的发展不关注、不借鉴，对先进技术与手段的出现充耳不闻、视而不见，不愿意、不主动融入世界历史的进程；对内则是或过分自信，夜郎自大，或十分自卑，破罐子破摔，不主动推广自身的技术，不主动与外部世界交流，造成裹足不前。中国式现代化强调的空间开放则是在注重国内经济循环发展的同时，也高度重视国际经济发展的大循环，积极融入国际经济发展的大循环，积极参与世界经济发展的一体化进程。经济发展的内循环与外循环是一体化的，只有内循环的经济是不可持续的，只有外循环的经济不符合国家利益。所以，既要充分认识到内循环与外循环是大循环的组成部分，也要辩证看待内循环、外循环以及内外循环。只有不断深化内循环、外循环以及内外循环的空间开放格局，才能从更高层面、更宽维度、更大视野推进中国式现代化建设。

回望中国的空间开放历程，空间开放遵循由点到线、由线到面、由面到体的开放路径，从最初的特殊政策到经济特区、到沿海沿边，从东部到中西部，从沿海到内陆，空间开放是有序的，其成效也是有目共睹的。随着对空间开放认识的不断深化，党和国家适时提出“一带一路”的倡议，从全球视域推进东西互联互通以及陆海内外联运。这也是对空间地缘经济的认识深化，更是新时代空间重塑与再造的突破性认识。空间开放与空间型塑呼之欲出，空间制度、空间公平、空间安全等进入中国式现代化的视域。

新时代空间开放与空间再造的重点在“一带一路”的高质量发展。无论是丝绸之路经济带，还是海上丝绸之路，都是世界级的空间再造。从南到北，从东到西，“一带一路”或贯通，或环绕，或辐射世界五大洲、四大洋。无论是贯通、环绕还是辐射，都关涉了世界重要战略区域，把欧洲与亚洲两大经济版图紧密联系在一起。“一带一路”还实现了对经济社会发展的空间优化，达成了与世界的良性空间互动，形成了多条空间经济走廊。空间流的形成是“一带一路”对国家经济社会发展的最突出影响。依托六大经济走廊，形成资金流、技术流、信息流、物流、人流等五大空间流，为构建新时代的空间经济合作发展新模式奠定坚实的基础。

“一带一路”的高质量发展还重塑了空间经济的理念，形成“空间绿色、空间开放、空间廉洁”的空间经济理念，开创了中国经济发展的崭新时代。“一带一路”建设充分反映出中国在世界的空间利益，是马克思主义政治经济学的世界实践，是一次对全球经济社会发展的空间引领。“一带一路”建设举措的背后是空间视角的人类命运共同体理论，正是基于人类命运的空间视角，中国主张畅通国际空间循环，主张推进更高水平、更优机制的空间开放，进一步改变国际分工不合理、区域发展不均衡、局部产能过剩的空间经济格局。

“一带一路”建设还形成了“高标准、高效率、高水平”的空间发展路径。这主要包括高标准的自由贸易网络、高效率的全球治理体系、高水平的区域经济一体化。日益增长的全球化不稳定趋势，让世界各国更多关注区域经济合作。当前，“一带一路”建设的核心在于东亚的贸易，中亚、阿拉伯世界的油气能源，南亚、大洋洲的经贸投资，以及中欧的金融创新技术合作。正是在这个意义上，中国的空间开放与空间再造是世界性与半球化兼具的空间型塑。

2.2.3 空间循环与空间镜鉴

2020年习近平总书记在讲话中提出，要以国内大循环为主体，国内国际双循环相互促进①。这是构建新发展格局的重要一环，也是“十四五”

① 习近平．国家中长期经济社会发展战略若干重大问题［J］．求是，2020（21）：4－10.

时期推进经济社会发展必须长期坚持的战略布局。空间循环战略构想的提出源于当下深刻的国际背景，是对当下国内国际经济发展环境的深刻洞察与冷静思考而作出的理性判断。一方面，国际局势风云变幻，中国面临“百年未有之大变局”，世界经济短期内发展疲软，必然对出口型空间经济体产生巨大影响，这恰恰是重塑国内经济发展格局、为世界经济发展增添新动力的重要契机；另一方面，中国空间经济运行进入新阶段——迈入谋求高质量发展的阶段，亟须畅通国内经济大循环，优化空间经济运行。同时，中国长期经济发展形成的平台优势、市场优势、体系优势成为推动空间循环的基础性动力，形成中国空间经济运行的韧性机制。

在传统认识中，空间循环的运行由国内国际两大循环构成，但在研究中，不难发现，空间循环的运行本质是三个循环：内循环、外循环与内外循环。只重视内循环与内外循环的研究，忽略外循环的研究，就缺乏研究的空间镜鉴。仅有内循环与内外循环的考量，就无法达成对世界空间经济趋势的科学研判。三种空间循环机制的生成是世界空间经济发展的必然结果。但是，也要理性地看到，无论哪一种空间循环，都有着自身的弊端，都存在难以克服的矛盾与问题，都为空间经济发展提供了根本性的空间镜鉴。从某种意义上来讲，三种空间循环是具有互补性质的循环机制，但首要的空间循环是国内大循环，这是空间循环的立足点与出发点，更是空间循环的主体。因此，畅通国民经济循环成为当下和今后一段时间内的重要发展内容与空间经济研究的重大课题。

基于三大空间循环，聚力打造新发展格局，推进经济高质量发展，是当下推进中国式现代化的重要路径。但同时，也要充分认识到，空间经济的循环不是一蹴而就的，是一个渐进的过程，城乡融合、区域经济一体化、“一带一路”建设等，都不是孤立存在的，都是具有较强联动效应与溢出效应的。畅通国内空间经济发展是空间循环机制建设的第一要务，是实现空间经济高质量发展的首要前提。只有国内空间经济循环实现良性互动，空间开放战略才能真正落实；只有畅通国内空间经济循环，才能确保空间经济高质量运行。因此，要实现我国空间经济快速、高质量发展，就要依托国内空间循环，面向全球配置空间资源，推进国内国外空间联动机制建设，才能在更高维度提升空间合作的能级。正是在这个意义上，国内空间经济循环是世界空间经济良性循环前提和基础性保障，世界空间经济的循环必将推动国内空间经济循环的深化，加速对空间经济运行的认识。

具体来讲，推进自由贸易区的建设是实现空间经济循环的关键一步。自由贸易区建设是一种比传统的空间开放更为高层次的空间循环机制，是中国推进空间开放战略，实现中国空间经济重塑的决定性一招。自由贸易区建设的推进过程就是制度创新的过程，就是持续打破空间政策障碍的过程，更是不断构建新的空间经济循环机制的过程。更高水平的空间开放必然倒逼形成更大程度的空间循环，以及自由贸易区建设与新发展格局的紧密联动。这意味着，作为空间开放的“桥头堡”，自由贸易区建设的启动与推进必将形成更为扎实的空间制度体系与政策体系，必将进一步推动空间经济的一体化进程。比较典型的例子是自由贸易区建设由点到面不断扩容，形成涵盖 20 多个自由贸易区的空间开放格局。

空间经济循环机制的运行离不开空间平台优势的深度发挥。回首中国空间经济过往，我们不难发现诸多空间经济镜鉴与思考。一是沿海地区的空间开放，充分发挥自身的空间资源优势与空间政策优势，主动参与世界空间循环，既引进先进技术与人才，也大力推进出口导向型经济发展，形成具有较强影响力的空间开放平台；二是中西部地区的空间开放，主动承接空间循环引发的空间转移，尤其是资本与技术等空间要素的转移，形成具有全球效应的空间制造平台；三是沿边沿线地区的空间开放，主动打造适应沿边沿线经济社会发展的空间枢纽，创新空间经济循环方式，形成空间开放与空间合作的新机制，聚力打造具有较强引领价值的空间辐射中心与空间经济核心区。总之，空间经济的循环必然依托于空间开放平台、空间制造平台与空间辐射中心，深入挖掘空间平台的综合优势，形成点线联动、面面俱到的发生机制。

当前，空间经济循环机制有序运行的前提是“一带一路”建设与城乡空间的融合发展。国内空间经济的一体化程度、空间市场的整合力度、空间要素的流动状态以及空间部门协同层级，将是空间循环机制触发的关键性前提。城乡空间融合发展以及由此形成的空间循环是当前和今后一段时间推进“一带一路”建设的根本前提。有什么样的空间制度与空间政策，有什么类型的空间基础设施，就有什么层级的空间循环机制，“一带一路”建设就能达到什么样的高度。“一带一路”建设不仅具有物流、人流、信息流、科技流、资金流五大空间样态，更拓展出制度流、项目流等空间样态。“一带一路”建设的推进是沿线国家战略、机制、制度等空间链接的过程，是依托项目实现空间合作、深化空间分工的过程。总之，空间循环不是一劳永逸的，也不是一蹴而就的，是一个与空间镜鉴相互映照的过程。

总之，从国内到国际，到国内国际联动，空间经济循环机制深刻展示了中国式现代化的发展空间与发展潜力，进一步凸显出中国式现代化是世界现代化进程中的重要一极。在这一现代化进程中，思想叙事范式发挥出其应有的引领作用。从国内视角来看，思想叙事引领中国空间经济社会发展，成为推进中国式现代化的根本动力。从世界范围来看，思想叙事成为构建中国国际形象的根本理念，深刻影响了中国空间形象的全球传播，深刻推动了人类命运共同体价值理念的全球实践。这是平行时空的思想叙事范式，是引领中国不断增大空间影响力的助推器，是为解决世界空间经济社会问题提供智慧和力量的重要手段。

2.3　理论视域的中国式现代化三大传承

坚持马克思主义的指导是推进中国式现代化的题中之义。放眼当下如火如荼的中国式现代化进程，我们不难发现，中国式现代化是传承了“马克思主义关于社会发展基本规律”的现代化；是传承了“人民群众是历史的创造者观点”的现代化；是传承了“马克思主义政党理论”的现代化；是结合中国实际、适合中国国情的现代化。

2.3.1　传承和发展马克思东方社会理论

马克思东方社会理论为中国式现代化的提出与实践提供了理论前提。晚年的马克思从世界历史的视野，提出了一系列关于东方社会发展的理论观点，主要包括东方社会亚细亚生产方式的概念与特征理论、俄国公社跨越“卡夫丁峡谷”的理论、东方社会可能存在与西方资本主义不同的发展道路的理论等。这些观点主要散见于《不列颠在印度统治的未来结果》《英人在华的残暴行为》《鸦片贸易史》《〈政治经济学批判〉序言》《资本论》《给维·伊·查苏利奇的复信》等文本中。其背景是工业革命以后，东方社会逐渐融入世界历史的进程。在此基础上，马克思充分研究了东西方社会的发展状况，旗帜鲜明地提出东方社会的概念，深刻分析了亚细亚生产方式，认为是亚细亚生产方式自身的特点导致东方社会缺失融入世界的主动、自觉和自为。同时，马克思尖锐地指出，西方社会对东方社会的殖民是异常的，是一场“历史不自觉”的行为。具体来讲，马克思从经济社会发展状况的视角，把东方定义为“未开化、半开化的国家和社会”①，这意味着相对于已经进入资本主义的西方国家，东方国家处于经济文化落后的前资本主义时期。不言而喻，马克思、恩格斯等经典作家没有到东方国家和社会实地考察，掌握的资料非常有限，对东方国家和社会的认识必定具有一定的局限。同时，在文本中，马克思对亚细亚生产方式进行了深入的分析，认为东方社会的亚细亚生产方式缺乏甚至没有土地私有制，东方社会的农村公社是自给自足的、农业手工业相结合的公社，东方社会的中央政府是集权的、强有力的、承担公共工程的；马克思还对跨越“卡夫

① 马克思恩格斯文集（第 2 卷）[M]. 北京：人民出版社，2009：36.

丁峡谷”设想作了系统阐释，以俄国公社为代表，结合公社存在公有私有两大特性及其进步性特征提出：如果私有制因素战胜公有因素、集体因素，俄国的未来是与西方资本主义社会发展进程保持一致，历经资本主义制度进入社会主义社会；如果公有制因素战胜私有制因素，那么农村公社将成为实现社会发展的新起点，俄国社会直接进入社会主义社会。

马克思东方社会理论为中国式现代化的实践推进提供了科学的方法论。首先，东方社会理论的核心内容为中国式现代化的认识深化提供了根本指引。从普遍性视角来看，无论是经济形态视域的社会演进，还是技术形态的社会演进，社会主义是比资本主义更高级的社会形态，代替资本主义是历史的必然，并最终迈向共产主义社会。这是人类社会发展的趋势与历史的必然。从特殊性的视角来看，基于跨越资本主义的“卡夫丁峡谷”理论，东方社会可能有别于西方走出一条特殊的道路。这条道路是以整体社会生产力的高度发达为前提的，并不违背社会形态的更替进程。这意味着充分考量了各个国家国情与历史条件的不同，并不必然要按照人类社会发展的一般顺序依次更替到达共产主义。因此，必须深刻把握经济社会发展规律的普遍性与规律在不同国家和地区适用的特殊性，既要着力于共性，也要锚定个性；既要看到二者在社会发展的本质认识上是一致的，也要看到各个国家和地区自身历史条件与国情的不同，发展道路的选择存在的差异；既要从宏观视域深度把握世界发展的历史进程，也要在尊重客观规律的基础上从微观视域深刻认识个别国家和地区发展的特殊性。具体到推进中国式现代化，必须注重普遍性与特殊性的内在统一，在普遍性认识的基础上制定符合中国实际的科学的战略部署，将现代化与社会主义有机结合，推动中国式现代化阔步迈向新阶段。

其次，东方社会理论的评价尺度为中国式现代化实践提供重要参照。中国式现代化的实践参照是社会实践基础上的历史参照与价值参照的统一。历史参照则是人类社会的发展水平参照，尤其是社会生产力的参照；价值参照则意味着现代化立足点与着力点是广大人民群众的根本利益，是人的自由全面发展。马克思在阐述东方社会理论的时候，高度重视两种参照的结合。从价值参照的视角，我们不难发现，西方对东方的殖民进程，牺牲了东方社会广大人民群众的根本利益，人民群众处境岌岌可危，生存艰辛困苦。从历史参照的视角来看，西方对东方殖民的进程是东方落后封建制度革命的进程，东方社会开始出现觉醒，并进入经济社会发展的新起点。纵观当时苏联的经济社会发展进程，就是历史参照与价值参照的高度统一，主要表现在既充分利用资本主义的发展成果推进经济现代化，又聚焦人的需要与人民的利益。因此，推进中国式现代化，我们要高度重视历史参照与价值参照的有机统一，生产力的发展与人的自由而全面发展的高度一致，既追求效率，也追求公平；既正确把握历史发展的规律，也科学认识历史主体的巨大作用；既大力推进经济社会发展的现代化，也大力实现人的现代化。

最后，东方社会理论为中国式现代化的空间发展与空间开放提供重要启示。任何一个国家、一个地区、一个民族的经济社会发展不是封闭的，更不是孤立的，因为孤立封闭的空间发展是不可持续的。正是在这个意义上，我们清晰地看到，东西方同处于一个相互联系的体系，一方面，东西方国家的经济社会运行是相互作用的，西方国家的有益成果为东方国家的发展提供重要借鉴和前提，东方革命的成功实践将为西方国家爆发无产阶级革命提供示范与引领；另一方面，俄国公社的两重性则意味着可以持续积累社会主义的因素，充分学习借鉴资本主义因素，以国家资本主义形式实现向社会主义的过渡。因此，中国式现代化是坚持空间发展与空间开放的根本统一。这意味着，推进中国式现代化，既要立足自身的经济基础与现有资源，也要充分把握和利用一切可以促进中国式现代化的资源、技术和人才；既要立足于空间发展的视域，高度重视自身的内生性现代化，也要立足于空间开放的视域，深刻把握现代化与全球化的内在关联。毋庸置疑，东方社会的革命已经取得成功，东方社会的现代化已经走出一条具有东方社会特色的道路，已经行走在高质量发展的新阶段。

2.3.2 传承和发展人民群众是历史的创造者观点

“人民群众是历史的创造者”，充分体现了马克思主义的鲜明品格，凸显出马克思主义的人民立场。党的二十大报告旗帜鲜明地指出，要以中国式现代化全面推进中华民族伟大复兴①，要坚持以人民为中心，引领广大人民群众认识和了解党的奋斗目标，将党的奋斗目标转化为广大人民群众现实的行动方向和行动目标。

“现实的人”的现代化是中国式现代化的出发点。人的问题是我们任何工作都绕不开的问题，是我们所有工作的出发点。人的利益、人的需要与人的价值，构成了人的自由而全面发展的价值旨归，也是推进中国式现代化的必然选择。对人的认识，最初是停留在抽象世界的，从经验直观与先验理性考察、研究人，甚至基于话语言说、思维研判、画像拟真、想象加持等方法，去“理解有血有肉的人”②。马克思主动打破传统的对“抽象人”的认知，强调现实的个人处于物质世界的活动进程中。一方面，人在改造自然的过程中对人的其他存在具有产生和决定作用；另一方面，人们为了创造社会，为了生产物质财富和精神财富，主动结合而成一定的交往关系。正是在这个意义上，马克思强调指出，在现实性上，人的本质是一切社会关系的总和③。人的存在是一种社会性存在，中国式现代化首先是人的现代化。

人的需要与人的利益是中国式现代化的核心诉求。人民群众不仅是现代化的创造者，也是现代化的消费者。人的需求与利益是人的本质所决定，是人类社会不断演化的动力和基础，是人类改变客观世界与主观世界的必然呈现。人的需要与利益具有广泛性与深刻性，这是人类社会持续发

---

① 习近平著作选读（第1卷）[M]. 北京：人民出版社，2023：18.

② 马克思恩格斯文集（第1卷）[M]. 北京：人民出版社，2009：525.

③ 马克思恩格斯文集（第1卷）[M]. 北京：人民出版社，2009：505.

展的根源所在，也是人类区别于非人世界的本质所在。在人的生存阶段，人首先想到的是满足某种需要以及满足人自身器官的存在需要。随着人类社会的不断发展，人的精神需要、社会需要与人的价值实现需要日益凸显。需要的累积与叠加催生了利益。没有需要的沉淀与积累，就不可能产生利益。同时，以利益为前提和基础，生发出思想。没有离开利益的思想，“思想一旦离开利益，就一定会使自己出丑”[①]。因此，推进中国式现代化，要把人民群众的需要满足强度与利益实现程度摆在突出位置，不断维护广大人民群众的需要和利益，不断引导广大人民群众以正确的态度对待需要和利益，不断满足广大人民群众的需要和利益。

人的价值实现是中国式现代化的根本宗旨。人的价值本质存在于人的关系范畴，充分体现出现实的个人需要的满足与人类社会的长期演化进程。一方面，人的价值实现必然也必须与自身的外在事物、外在人产生联系、发生关系，依赖于周边的一切，这是人的价值实现的根本前提；另一方面，人的价值实现是人本身的实现，脱离人本身，人的价值就是空谈。人本身的实现就是发挥人的主观能动性的过程，就是人的主体性得以呈现的过程。正是从这个意义上，我们看到人的价值实现是人的实践活动创造客体价值的过程。这是人的本质力量的实现，这是人改造客观世界与主观世界的过程。其外在呈现是以思想的引领实现自身价值的实现与获得。人民群众主体性发挥的程度与高度是人的价值实现的重要指标，也是人的现代化的重要指标，更是中国式现代化的根本旨归。人民群众主体性发挥的程度与高度表征着人们改造自然与社会、改造人的思维的实践进程，表征着人的本质力量的实现状态。同时，中国式现代化作为人类改造客观世界与主观世界的重大实践进程，离不开正确价值观的引领和指导。人的信仰、品质、情操与观点等精神要素日益成为衡量人的现代化水平的重要指征。这些指征也会自发成长为推动广大人民群众改造客观世界与主观世界的精神力量。

---

① 马克思恩格斯文集（第 1 卷）［M］. 北京：人民出版社，2009：286.

人的自由全面发展是中国式现代化的最终归属。马克思主义经典作家在长期的研究中得出关于人的高阶认知，认为“每个人的自由发展是一切人自由发展的条件”①。这意味着：一是人类自身将得以全面发展，人们以自己的特有的创造力推进自身与外界的深刻变革，为成为自由全面的人奠定坚实的基础。二是人的社会化程度将进一步提升，每个人自由发展的过程是人类本质不断彰显的过程，也是人类社会关系不断重塑的过程。三是人的自由人格世界将发生质的飞跃。个体潜能的开发程度与发展高度将是人的自由人格是否飞跃的标志。其中包括人的个性化发展，这是人的自由全面发展关键一招。没有人的个性化发展，就谈不上人的潜能开发，就更谈不上人的自由全面发展。因此，中国式现代化的实践进程是坚持人民立场的实践进程，是实现人的充分发展与平衡发展的实践进程。只有关注人，关照人，实现人，中国式现代化才能行稳致远。

贯彻群众路线是中国式现代化的实践之维。群众路线是中国共产党的根本工作路线②。群众路线在中国社会不同历史阶段，都具有巨大的实践价值与现实意义。群众是我们一切工作的坚强后盾。什么时候贯彻群众路线到位与彻底，什么时候我们的工作就顺利与成功。是群众路线引领我们不断取得胜利与成就，是群众路线成就我们今天的辉煌与灿烂。推进中国式现代化的过程必然也是践行群众路线的过程。贯彻群众路线一要聚力达成思想与行动共识，着力推进思想宣传与理论引导。以广大人民群众喜闻乐见的形式、以诙谐幽默的语言宣传中国式现代化的来龙去脉，引导广大人民群众投身中国式现代化的时代大潮，为中国式现代化的实践贡献智慧和力量，是贯彻群众路线的重要内容。二要聚力“内化于心，外化于行”，打造沟通交流的畅通机制。以广大人民群众对中国式现代化的情感认同，引导广大人民群众形成投身中国式现代化的行为自觉，形成推进中国式现代化的磅礴伟力，是贯彻群众路线的必然路径。

---

① 马克思恩格斯文集（第2卷）［M］. 北京：人民出版社，2009：53.

② 习近平著作选读（第1卷）［M］. 北京：人民出版社，2023：247.

2.3.3 传承和发展马克思主义政党理论

纵览世界各国的现代化建设，政党领导和推进现代化进程日益成为人类文明的重要特征。这是因为现代化国家建设的过程同时也是资源要素集中、优化的过程，更是政治功能集聚与裂变的过程。政党自身的政治禀赋以及自身的长期积累，必将决定政党领导和参与现代化的方式，以及政党在现代化进程中的地位变迁。具体来看，政党的诞生与发展伴随着国家现代化的变迁。没有国家的现代化，就不可能诞生先进的制度与规则，更不可能出现国家。其中既有内生型国家不同利益集团博弈与分化产生政党并轮流执政，也有外生型国家政治危机导致以权力争夺为目的的政党组建，并由此成为国家建构的前提和基础。无论是内生型政党的产生与运行，还是外生型政党的产生与运行，都会致力于国家运行与国家建设的现代化进程。所以，深入认识和把握政党与现代化建设的紧密关联，进而明晰政党在国家现代化进程中的地位和作用，至关重要。

党的二十大报告强调，“中国式现代化，是中国共产党领导的社会主义现代化。”① 中国共产党对现代化进程的领导，源于中国共产党对中国革命的领导实践，完善于中国共产党对中国建设与改革的成功实践，成功于中国共产党带领中国人民奔赴中华民族伟大复兴的光辉实践。这是经验事实的总结，更是中国式现代化的伟大参照。基于充分避免西方现代化发展弊端与发展乱象引发的“现代化陷阱”，中国共产党带领中国人民从中国实际、中国文化、中国经验出发，果断摆脱现代化的西方依附，走出移植西方模式的困境，坚定不移地、独立自主地推进中国式现代化，实现了现代化建设与制度创新的“双轮驱动”，从根本上奠定了中华民族伟大复兴的经济基础与社会基础。不难发现，中国共产党是中国式现代化主导力量

① 习近平．高举中国特色社会主义伟大旗帜为全面建设社会主义现代化国家而团结奋斗——在中国共产党第二十次全国代表大会上的报告［M］．北京：人民出版社，2022：22．

和中坚力量。

没有党的领导，就不可能开启中国式现代化之路。近代中国灾难性境遇，倒逼着中国社会“迫切需要新的思想，迫切需要新的组织”①，这意味着中国社会必然也必须作出坚定的选择。近代中国的发展进程是一个不断酝酿时机与生发新生事物的过程，尽管国家积贫积弱，人民艰辛困苦，但是时代酝酿与催生了一个崭新的马克思主义政党。这是近代中国思想革命、社会革命的必然结果，更是无数仁人志士的坚定选择。这场巨大革命在催生马克思主义政党的同时，也创造了人类文明的新形态。随着时代的进步与发展，人们的认识不断深化，最初是“只有政党政治才能改变中国”，继而是“只有中国共产党才能救中国”，然后是“只有共产党才能发展中国”，今天是“只有坚持共产党的领导才能实现中国式现代化”。这一变迁反映的既是党的领导地位与时代使命的变化，也是党的领导力的不断增强的体现。

对现代化的领导是马克思主义政党的价值追求。马克思主义经典作家认为，共产党领导的无产阶级革命专政是从资本主义到共产主义社会的必然过渡阶段②。共产党人是时代发展进程的参与者，也是时代未来的缔造者。共产党人如何，时代的未来就如何。所以，经典作家认为，工人阶级在成为国家的领导阶级以后，要集中国家的一切生产工具，要尽可能快地发展生产力，增加生产力的总量③，缔造一个没有剥削、没有压迫、人人平等、人人自由的现代化社会。由此可见，马克思主义政党是应时代发展而生，顺时代发展而大，随时代发展而强，并具有强烈时代意识和投身并领导现代化建设的坚定决心。马克思主义政党对现代化领导的自信来源于波澜壮阔的国际共产主义运动与生动壮观的世界社会主义发展，来源于马克思主义政党对政党领导规律、现代化建设规律以及人类社会发展规律认

① 中共中央关于党的百年奋斗重大成就和历史经验的决议［M］. 北京：人民出版社，2021：4.

② 马克思恩格斯文集（第3卷）［M］. 北京：人民出版社，2009：445.

③ 马克思恩格斯文集（第2卷）［M］. 北京：人民出版社，2009：52.

识的不断深化，来源于马克思主义政党自身的时代定位、自我革命与历史使命，更是来源于马克思主义政党的科学世界观与方法论。

党的领导是新时代推进中国式现代化的根本保证。马克思主义政党的时代使命是推翻资产阶级的统治，是夺取革命的领导权，是建立自由王国。这意味着马克思主义政党对国家生活的影响，除了强制性干预力量之外，还有示范、团结、感召等非强制性干预，也就是将权力升华为权威，将权威转化为道德力量。唯有强大的道德力量与高度的权威认同，才能推动马克思主义政党实现其“总揽全局、协调各方”。中国式现代化的时代发展进程，离不开中国共产党对各层级规律的深刻洞察、全面把握与扎实实践。中国式现代化的实践生成前提是广大人民群众认同党的权威、接受党的领导、追随党的行动，是中国共产党主动开展伟大自我革命，回应社会诉求，形成与社会、与人民的良性互动，不断累积党的领导权威，不断加强党组织的建设。

激活党的内生动力是新时代中国式现代化的触发机制。政党的价值理念、领导水平、治理能力、精神风貌与意志品质①事关党的权威、党的领导力，事关中国式现代化的未来。政党如何，现代化就如何。激活党的内生动力就成为党的建设的重要课题，成为推进中国式现代化的基础所在。民主是激活党的内生动力的关键一环。必须深刻认识到是否尊重党员的主体地位，能否保障党员的民主权利，可否做到调动和发挥各方的积极性和主动性，是衡量党的内生动力成效的根本指标。中国共产党是坚持民主集中制原则的政党，是以民主集中制实现党员权利、调动各方积极性和主动性的政党。实践表明，只有高质量贯彻民主集中制的组织原则，才能实现更高层次党内团结与更高水平的党内民主；只有充分调动各方的积极性与主动性，充分凝聚各方的智慧和力量，才能达成党内空前的团结与统一，进而激发党领导中国式现代化的内生性动力。

---

① 习近平．携手同行现代化之路——在中国共产党与世界政党高层对话会上的主旨讲话［M］．北京：人民出版社，2021：4.

总之，基于中国式现代化的思想叙事是深刻总结与凝练了中国历史进程、实践进程的经验性叙事，是中国共产党与中国人民在长期的探索、努力与奋斗中不断升华的思想叙事范式。在时间叙事上，中国式现代化随着时间的推演，不断实现中国经济社会的“从 0 到 100”，不断达成现代化的新进阶；在空间叙事上，中国式现代化历经空间封闭、空间开放、空间重塑与空间循环等阶段，形成具有中国特色、世界意义的现代化运行机制；在理论叙事上，中国式现代化传承马克思主义经典作家的经典观点，深化对中国经济社会发展规律的认识，是马克思主义中国化时代化的最新成果。从事物发展的动态规律来看，中国式现代化视域下的思想叙事范式不是今天才有，不是今天独创，是百年大党为民族复兴不断奋起的思想叙事范式。回到思想叙事范式的核心与本质，我们不难发现，之所以从思想叙事范式出发研究中国式现代化，目的就是探索与寻找、借鉴与检验、相信与确认新时代的中国究竟该走怎样的现代化道路。中国式现代化是世界现代化体系的重要组成部分，与西方国家的现代化既有区别又有联系，是共性与个性的统一。正是在这个意义上，中国式现代化视域下的思想叙事范式的根本价值在于宏大叙事与具体叙事相结合，讲清楚什么是中国式现代化、讲明白中国式现代化的鲜明特色与比较优势、讲透彻中国式现代化的未来展望。

第3章 立足中华民族伟大复兴历程的历史叙事

历史叙事通过对人类历史进程的现象描述与独到阐释，深刻反映社会发展的运行规律与进路，引导人们深入把握现象背后的本质，全面梳理现象背后的原因。思想政治教育叙事范式下的历史叙事是哲学历史叙事、世界历史叙事与党史叙事的统一，历史观与世界观、宏观与微观贯穿历史叙事的全过程。因此，立足于中华民族的伟大复兴进程，既要充分运用历史唯物主义基本原理来把握历史叙事，又要在对党史的深刻洞察基础上构建世界维度的“大历史观”。

3.1 中华民族伟大复兴的历史哲学叙事

物质保障与哲学引领是一个民族繁荣富强的两大指标。这意味着前者要充足，后者要深邃。从黑格尔的“密涅瓦的猫头鹰黄昏起飞”到马克思的“高卢雄鸡”，都在启发我们，中华民族的伟大复兴不能只是物质上的富足，还要思想上强大。哲学思想为中华民族的伟大复兴提供强大的精神指引，正如马克思所言，每个时代的内容都是建立在众多的精神后果基础上的[①]。哲学是众多精神后果之一，是具有巨大思想引领作用的精神后果。中华民族的伟大复兴是一种系统性、全面性的复兴，只有坚持哲学思想的引领才能真正实现。因此，科学认识和把握中华民族伟大复兴的历史哲学叙事，是新时代推进中华民族伟大复兴的应有之义。

---

① 马克思恩格斯全集（第3卷）[M]. 北京：人民出版社，1960：544.

3.1.1 在把握历史方位中推进中华民族伟大复兴叙事

每一个时代都有自身的使命与任务，都有自身所处的历史方位。今天，我们所处的时代是新时代，所处的历史方位是实现中华民族伟大复兴的关键时刻。这意味着，实现中华民族伟大复兴的话语语境是新时代，新时代的伟大历史任务是推进中华民族的伟大复兴，是基于过去长期积淀推进中华民族伟大复兴；这意味着新时代推进中华民族的伟大复兴这一主题自身已经在孕育着实现民族复兴的物质条件与思想基础。

推进中华民族伟大复兴的理论认知主要体现在：一是民族伟大复兴与社会主要矛盾的解决是高度一致的，中华民族伟大复兴既是中华民族物质生活的复兴，也是精神生活的复兴，最终是美好生活的实现。二是民族伟大复兴与百年未有之大变局是步调一致的，只有坚持用历史的辩证思维剖析新时代发展的新格局，只有紧紧抓住百年未有之大变局赋予的历史机遇，才能实现中华民族的伟大复兴。三是中华民族的伟大复兴首先是一种哲学思维认知，是一种哲学视域的思维活动呈现。但其本身不是脱离现实的抽象物，而是对于当代中国社会发展现实的思维把握。这一思维认知对事物的把握，与黑格尔的“绝对精神”、萨特的“存在先于本质”是一致的。四是中华民族的伟大复兴是中华民族实现美好生活的时代。在这个时代，中华民族摆脱“物的依赖性阶段”，进入“人的自由全面发展”的阶段，人类文明进入崭新的社会形态。这是对中华民族伟大复兴的生动诠释。

纵观世界各国，每个国家的崛起和复兴都具有强大的哲学基础。每个哲学基础都是当时的时代精神，无论是意大利的人文精神，法国的启蒙思想，还是德国的古典哲学，都是如此。诚如著名学者韦伯所言，精神是资本主义扩张的重要动力[①]。精神本身是对物质的反映，但同时又会推进物

① 马克斯·韦伯．新教伦理与资本主义精神［M］．于晓、陈维纲译，北京：生活·读书·新知三联书店，1987：49.

质生产的大发展，推动人们创造出更多的财富、更发达的生产工具、更高的技术水平。从这个意义上来讲，中华民族的伟大复兴的时代应该是创造理论、创造思想、创新实践的时代，是理论与思想致力于服务中华民族伟大复兴的时代，是践行理论、创新思想的时代。哲学思想在本质上是现实的。新时代哲学思想的现实依据就是波澜壮阔的中华民族伟大复兴进程，就是这个时代哲学思想的生动实践进程。这是中华民族伟大复兴哲学思想的自觉自为，也是中华民族伟大复兴的认识自觉。

因此，审视中华民族伟大复兴的哲学叙事，要从中国特色社会主义的时代背景去观察和思考。诚如黑格尔所言，哲学是在思想中把握时代，任何一种哲学都不能超出它所处的时代①。在这个意义上，我们讲，中华民族伟大复兴的哲学叙事的本质是对习近平新时代中国特色社会主义的思想自觉与思想自为。哲学是时代精神的精华，哲学叙事是以自身的内容和形式与现实世界的互动和相互作用。中华民族伟大复兴的哲学叙事就是对新时代的社会实践进行反思，就是以哲学特有的话语系统深刻表征中华民族伟大复兴的时代内涵，就是以特有的哲学自觉反映新时代的精神思维与实践经验。一句话，中华民族伟大复兴的哲学叙事充分反映了新时代中国特色社会主义伟大实践的成果和经验、成就与教训。

3.1.2　在回望和创新中推进中华民族伟大复兴叙事

现代文明的每一次开拓，每一次进步，都离不开传统。传统中孕育的文化基因不断对现代行为方式产生影响，推动新时代的中国在传统与现代的来回穿梭中快速发展。实践充分表明，中国道路的伟大探索离不开传统，中国特色社会主义的继往开来离不开传统，中华民族伟大复兴更是如此。纵观世界文明的发展进程，在世界舞台纵横捭阖的西方文明，其来源

① 黑格尔．法哲学原理［M］．范扬、张企泰译，北京：商务印书馆，1961：“序言”第 12 页．

是古希腊传统、希伯来传统[①]。可以说，西方文明在历史长河中得以完美呈现，多种西方传统在文明的历史进程中得以完美发挥。不言而喻，中国传统是中华文明的基础，是中国社会发展进步的根本遵循，是我们今天发生历史性变革与取得历史性成就的根本所在。尊重传统、遵循传统、延续传统则意味着民族文明得以传承，意味着民族文化主体性得以彰显，充分体现了一个民族的精气神，是民族自信的重要根源。诚如黑格尔所言，传统就是把接受的东西完整保存并传给后代[②]，这是有生命力的传承。这意味着，回望传统、继承传统是历史科学进步的动力，是推进中华民族伟大复兴的精神动力。

推进对传统的创新是中华民族伟大复兴的必然选择。离不开传统，并不是停留在传统，而是要吐故纳新，推陈出新，坚持实践基础上的创新。传统是中华民族继往开来的精神内核，是中国式现代化伟大事业的根源。停滞的传统是没有生命力的，只有发展的传统、与现代结合的传统才具有强大的生命力。在尊重传统、遵循传统、延续传统的前提下，从中华民族伟大复兴的视域对传统展开反思，对传统开展批判，进而推进创新。当然，尊重传统、遵循传统、延续传统并不是回到传统，而是以辩证法的视角对待传统，坚持传统的内核与规律的基础上推进创新。推进对传统的创新不是在传统的框架下兜兜转转，不是忽略当下鲜活的生动的中国现实，而是在推进创新中服务于现实，服务于当下广大社会公众的期待。因此，传统与现实的辩证进程是动态的，是与时俱进的。

如何对待传统是社会进步的一把标尺。回望传统，要跳出我们所处的时代，要跃出我们所处时代的局限，不能以今天的思维去平视传统，更不能以现实否定传统，要走进传统去阐释传统、把握传统。同时，要以历史思维去把握传统，把传统放在历史的大格局下去把握，从历史的视域去发现、发掘传统的现代价值，去创新传统。还有，要带着时代课题去研究传

① 孙民．论实现中华民族伟大复兴的哲学自觉［J］．社会科学辑刊，2022（04）：16－24.
② 黑格尔．哲学史演讲录（第1卷）［M］．贺麟、王太庆译，北京：商务印书馆，1959：8.

统、把握传统，让传统赋能今天的时代课题。只有扎根于传统，推进立足现实的创新，在传统与现实的内在张力中发掘传统的时代价值，才能解决不断涌现的时代课题，更好地服务于中华民族伟大复兴。

如何创新传统深刻体现出中华民族的伟大智慧。一要坚持从历史思维创新传统。传统不是静止的，是以文化基因与实践智慧的形式无时无刻不在发挥作用的。回望中国历史的发展过程，我们不难发现，中国历史的进程就是持续彰显中国文化基因与中华民族实践智慧的过程。这意味着，我们要在动态的平衡中，在现实与历史的充分结合中，推进对传统的创新。二要坚持从实践的视角去推进对传统的创新。任何传统理念的创新最终都要接受实践的检验，尤其要接受波澜壮阔的中国特色社会主义伟大实践的检验，只有经得住实践检验的创新才是科学的、有价值的传统理念创新。三要坚持从创新思维的视角去推进对传统的创新。任何创新都要遵循创新自身的、符合创新的进路，对传统的创新也不例外。但坚持以创新思维推进对传统的创新，要充分看到传统自身特有的内在规律，努力实现二者的有机统一。四要坚持立足于中华民族的优秀文明成果推进对传统的创新。任何隔离、割裂、否定传统的做法，都是现代社会发展的巨大障碍；任何脱离传统的抽象解释，都难以实现真正意义上的创新。因此，我们一要立足于中华民族的优秀文明成果，二要吸收和借鉴世界各国优秀文明成果，为构建创新传统的新格局奠定基础，这是中华民族伟大复兴哲学叙事的根本体现。

3.1.3　在借鉴一切优秀文明成果中推进中华民族伟大复兴叙事

中华民族的伟大复兴是世界文明进步的重要标志，既充分体现民族精神的话语实践，也充分展现中华文明的时代演进。同时，中华民族伟大复兴的实现既要大力发展自身的物质与精神基础，也要积极借鉴人类社会创造的一切优秀文明成果。因为中华民族的伟大复兴不是单一的复兴，更不是单向度的复兴，而是多元的复兴、全面的复兴，是注入众多优秀文明的复兴。其根源在于一个国家的兴旺发达，既体现在物质层面，也体现精神层面；既体现在动态、科学地吸收一切优秀文明成果，也体现在立足中国的国情与实际。也就是说，中华民族的伟大复兴不是没有任何自我意识的复兴，不是没有主体性的复兴，而是立足于中华优秀传统文化、借鉴一切优秀文明成果的复兴。

中华民族的伟大复兴首先表现在物质成果的复兴。物质成果是人类社会发展的重要基础，是人类文明演进的根本前提。同样地，实现中华民族的伟大复兴也必然以庞大的物质成果为前提，这是不以人类的主观意志为转移的。但是我们自然也会发现，物质力量在不断控制和影响我们，我们的愿望与期待总是受制于物质力量①。马克思的这一观点深刻体现出物质成果是中华民族伟大复兴绕不开的时代课题。比如，西方的科技和资本两大物质成果都具有世界历史的意义，都是人类社会的优秀文明成果，都将在中华民族伟大复兴中发挥独特的作用。

精神成果的复兴是中华民族伟大复兴的根本标志。一个民族之所以绵延不断，物质成果固然重要，精神成果更加重要。精神层面的思想文化与价值观念是一个民族的精神风貌，是一个民族兴旺发达的不竭动力。今天，我们的中华优秀传统文化，我们的波澜壮阔的中国特色社会主义伟大实践，都从不同的维度深刻体现出传统精神成果的本源性。当然，这不是说不借鉴西方的成果。相反，我们的民族底蕴愈是深厚，我们愈要借鉴西方的一切优秀文明成果，为中华民族的伟大复兴提供智力支持与动力支撑。诚如雅斯贝斯所言，“用丰富的知识武装人们并努力创造美好未来。”②我们只有持续以世界一切优秀文明成果武装自己，以理性与科学的精神对

---

① 马克思恩格斯文集（第1卷）[M]. 北京：人民出版社，2009：537.

② 卡尔·雅斯贝斯. 时代的精神状况 [M]. 王德峰译，上海：上海译文出版社，2003：242.

世界一切优秀文明成果推陈出新，才能在世界文明的大进程中努力做到大力维护国家与民族利益，拥有国际社会的话语权，并不断引领时代发展。

3.1.4　在民族语言表达中推进中华民族伟大复兴叙事

民族语言的表达在中华民族复兴叙事中处于基础性地位。中华民族的伟大复兴是民族精神的深刻表征，是民族价值观的深刻体现。无论是民族复兴，还是民族精神，都需要民族表达。民族表达的媒介就是民族语言。所以民族语言的表达在民族复兴的进程中具有举足轻重的地位。如果没有语言的标记与呈现，任何思想都是难以广泛传播的，更难以实现共识的达成与思想的交流。中华民族的伟大复兴是亿万人民群众的期待、共识，是亿万中华儿女为之奋斗的目标，是对伟大中华民族精神的践行。其字里行间传递着民族价值观，体现着民族语言的出色表达。诚如维特根斯坦所言，“我的语言的界限是我的世界的界限。”[①] 一个民族有着什么样的语言表达，这个民族的认识程度与文明程度就有多高。一个民族语言的表达深刻呈现着这个民族的思想与文化底蕴，甚至这个民族的未来。因此，民族语言的表达处于中华民族伟大复兴叙事的基础性位置，在引领中华民族伟大复兴的思想体系中处于关键位置。没有民族语言的表达，就谈不上对中华民族伟大复兴的思想引领，就更谈不上中华民族伟大复兴的实现。

民族语言的表达是中华民族伟大复兴的风向标。民族语言的产生、形成、发展与成熟于五千多年的中华民族发展史，链接、推动与实现了中华民族共同体的稳定与和谐。在对外交流、沟通与互动过程中，民族语言是展示民族精神与民族价值观的重要工具，是推动国家交往的重要工具。任何一种思想首先是本民族的思想，其次才是经过翻译转化为交流的思想，最后发展为世界性的思想。众所周知，德国哲学家康德以自身的哲学成就

---

① 路德维希·维特根斯坦．哲学论［M］．郭英译，北京：商务印书馆，1985：79.

历程雄辩地做到“用德语表达哲学”，既有形式上的“用德语表达哲学”，也有内容上与本质上的“用德语表达哲学”。这一民族语言表达的呈现奠定了德国哲学在世界哲学发展史上的重要地位，德国哲学一度成为引领世界哲学发展的航标。因此，推进中华民族的伟大复兴叙事，民族语言的表达是对民族复兴思想引领的根本前提。

首先，要充分认识到民族语言的表达与中华民族伟大复兴的内在张力。民族语言的表达是在五千多年的文明发展进程中形成的，这意味着民族语言的表达具有很强的稳定性、传承性与发展性。人类历史的发展进程与语言表达的演化进程是相辅相成的。中华民族伟大复兴叙事的表达本质上就是民族文化与民族精神的深刻呈现，语言的表达在这里成为二者的桥梁与纽带。悠久的民族历史成就了民族语言表达的稳定，奠定了民族语言的优势，比如使用比较广泛，具有哲理性、审美性、创造性等特性。创造是民族语言的生命所在，没有独立自主的创造就没有民族语言的发展，就不可能有人类社会的颠覆性的进步。同时，民族语言的创造性也是民族精神与民族文化不断前行的动力。正是民族语言的创造推动民族文化与民族精神不断推陈出新，不断实现民族语言传统与当代现实的紧密结合。

其次，要把中华民族伟大复兴叙事的语言表达融入对外交流之中。语言的表达过程、民族文化的交流过程与民族复兴的叙事过程是一致的。中华民族的伟大复兴不是囿于中华民族自身的伟大复兴，是世界文明进程的重要里程碑，是人类社会发展进程中的重大事件。因此，民族语言的表达是具有世界视野的表达，是放眼全球的表达，是彰显中国发展与世界变化的话语表达，更是民族思想的深刻呈现。只有依托于民族交往的语言表达，才是真正的民族语言表达，才能深刻体现我们的民族语言表达优势。但是，民族语言的表达并不是一帆风顺的，而是充满挑战、充满交锋的。一方面，我们要清醒认识到，民族语言的表达背后是国家强大的物质经济基础，是国家硬实力的支撑。有没有强大的物质技术基础，决定一个民族语言表达的底气。但是，也要看到，民族语言的表达不可能与国家经济活动画等号，如果“牟利精神渗透了全部语言”[①]，那么民族语言的表达势必没有持久性。另一方面，国家的经济实力为民族语言的表达提供了价值场域。中华民族伟大复兴叙事所特有的民族精神对于民族语言的表达将提供正确的思想指引。因此，民族语言的表达基础是国家深厚的物质基础与丰富的文化底蕴，也是中华民族伟大复兴叙事的基础。

中华民族伟大复兴的未来受制于民族语言表达的自主性与公共性。所谓民族语言表达的自主性，就是基于中华民族发展的实际与当今中国的现实状况，适应于时代的发展进程，积极繁荣哲学社会科学，创新民族语言表达的内容与形式，不断繁荣壮大民族语言的表达体系。具体来讲，突出民族语言表达的自主性，就是要突出中华民族的意志与利益，就是与中国式现代化、与中华民族伟大复兴紧密结合起来，充分体现中华民族伟大复兴叙事的哲学语境。同时，民族语言的表达是民族世界观的自我表达，充分彰显出民族语言的认知。所谓民族语言表达的公共性，就是民族语言表达的先验性，就是推进民族语言表达的自主性的同时，存在着民族语言表达的世界认识与价值判断。民族语言表达既是为自我的表达，也是为他人的表达。中华民族伟大复兴叙事既是中华民族语言的表达，也是促进世界文明进程的话语表达。从这个意义上来讲，民族语言的表达使命就是推进中华民族伟大复兴，就是推动人类社会的发展与进步。

3.2　中华民族伟大复兴的世界历史叙事

从世界历史叙事的高度去观察与思考中华民族伟大复兴，既是我们对世界历史发展进程的主动领悟，也是我们对人类文明形态演进的主动介入。纵观近代中国，民族尊严丧失殆尽，民族精神面临严峻挑战，民族屈

① 马克思恩格斯文集（第 1 卷）[M]. 北京：人民出版社，2009：478.

辱历历在目，这一切深刻告诉我们遵循历史规律的必然性与必要性，否则就会跟不上历史发展的进程，就会被历史规律所淘汰。正是基于马克思主义经典作家的理论指导，我们主动以历史辩证法来分析与解决所面临的时代课题，深刻认识到构建人类命运共同体刻不容缓，创造人类文明新形态刻不容缓。

中华民族的伟大复兴不是一时之意，更不是一时兴起，是自党的十六大以来，多次在党代会报告中提出的一个鲜明认识，是几代中华儿女的强烈追求，是十四亿炎黄子孙的心中所愿。自孙中山先生提出“复兴中华”以来，中华民族伟大复兴历经时代演进，具有更深刻的内涵。纵观中华民族的发展进程，从未像今天这样离中华民族伟大复兴这么近。当然，中华民族伟大复兴已经远远跃出一国的认知范畴，既是中华民族的伟大事业，是全体中华儿女的共同奋斗目标，也是世界视域的伟大事业，具有深刻的世界性价值。

3.2.1　中华民族伟大复兴的世界社会主义叙事

抚今追昔，我们翻阅马克思、恩格斯等伟大导师的著作，不难发现，他们特别强调世界无产阶级的联合，强调在资本主义较为发达的资本主义国家取得社会主义革命的胜利，进而帮助和带动其他国家取得社会主义革命的胜利，并最终在世界范围实现社会主义。列宁在伟大导师的认识基础上，结合时代发展的新情况新问题，提出世界社会主义革命的成功将首先在帝国主义的薄弱环节实现。因此，苏联将作为世界社会主义革命的策源地，逐步把革命的火种播撒到欧洲等地，进而在全世界取得社会主义革命的胜利。

20 世纪 80 年代，世界格局进入新阶段，全球的共产党组织结合当时国际形势的变化，对世界社会主义战略做出调整。各国共产党适应国际局势的新变化，及时提出世界社会主义战略，最具代表性、最成熟的是中国共产党的战略部署。第三代中央领导集体聚焦中华民族伟大复兴，审时度势，及时提出具有中国特点、符合时代趋势的世界社会主义战略判断。

一是新的世界战争尤其是局部战争仍然不可避免。在战争与和平二者之间，我们要努力争取一个比较长的和平发展环境与发展机遇，为中华民族的伟大复兴创造更多的物质与精神条件。这是基于世界两极格局终结、苏东剧变等作出的新判断。随着世界两极格局的终结，一个崭新的多极化世界格局正在逐渐形成，这是长期的、复杂的、多变的过程，但也是充满机遇的过程。在这个过程中，一方面避免新的世界大战是可能的，另一方面，世界各国人民也期待和平与发展，期待发展与进步，更期待生活水平的显著改善与提高。

二是深刻认识与把握世界格局的新变化与科学技术的日新月异。新的世界格局的形成过程是各国尤其是各大国政治力量的博弈过程，是一个动态的较量过程，这一变化在当时远未达到动态平衡。同时，推动国际局势不断演绎和变化的力量首先是科技力量，谁要在这一新的世界格局中占得优势，谁就要大力发展科学技术，提高科技水平。诚如江泽民同志所言，展望世界经济的发展变化，有三个动向值得高度关注，分别是世界范围内的经济结构调整、科技进步的突飞猛进与跨国公司的影响力日益增大①。基于这样一个时代背景，致力于创造一个安定团结的国际环境，以特有的紧迫感、现实感投身中华民族伟大复兴，一心一意谋发展、谋进步，是符合时代发展趋势的重大战略判断。

三是世界社会主义的胜利进程不是一蹴而就的，是一个长期的、渐进的、螺旋上升的过程。推进中华民族的伟大复兴事业，既是一个具有鲜明政治色彩的意识形态领域的奋斗目标，也是亿万人民群众的殷切期盼。中国共产党旗帜鲜明地强调推进中华民族伟大复兴，则意味着在坚信经典作家“两个必然”的前提下，要充分认识到世界社会主义事业不是一帆风顺的，更不是一蹴而就的，是在曲折中螺旋上升的。当前我们所处的社会主义初级阶段就是一个长期的过程，仅凭主观臆想、主观愿望去实现世界社

① 江泽民论有中国特色社会主义（专题摘编）[M]. 北京：中央文献出版社，2002：517.

会主义事业，是盲目的，也是不可取的。同时，也要看到，我们正在推进的中国特色社会主义伟大实践，是世界社会主义事业的重要组成部分，但在生产力水平、生产关系成熟程度等方面，与经典作家所提到的社会主义存在不小的距离。任何科学的理论不是束之高阁的理论，都是通过实践去检验自己的正确性，去深化自身的理论认识，去开拓理论的疆域。由此，我们必须清醒认识到，中华民族的伟大复兴事业既是全党全军全国各族人民的价值追求，也是世界社会主义事业的重要组成部分，更是我们追求共产主义远大目标的第一步。

中华民族伟大复兴的时代进程是在波澜壮阔的“站起来”“富起来”“强起来”的三部曲中展开的，在世界社会主义事业中具有里程碑式的重大意义。从国家政治与国家主权的独立自主，到民生改善与经济腾飞，再到文化软实力的世界性影响，中国特色社会主义事业风景这边独好。诚如经典作家所言，通过民族解放，无产阶级能够直接掌握一个国家的物质基础，并以此为根本基础推进国富民强，从而奔赴人类的伟大解放事业，推动人类文明大踏步前进。中华民族的复兴过程也是向世界社会主义贡献智慧与思想、制度与技术的过程，因为“凡是民族作为民族所做的事情，都是他们为人类社会而做的事情。”① 这是中华民族伟大复兴进程无法回避的问题，也是中华民族伟大复兴的价值所在。中华民族伟大复兴为世界文明进程注入中国活力、中国特色，也为人类命运共同体的构建注入开创性理论与生动性实践。

3.2.2　中华民族伟大复兴的国际共产主义运动叙事

自共产主义者同盟成立以来，国际共产主义运动就不再局限于一个国家、一个地区、一个民族，而是进入到世界大部分国家和地区。今天，方兴未艾的国际共产主义运动，与一百年前相比，存在许多新的特点，最主

① 马克思恩格斯全集（第42卷）[M]. 北京：人民出版社，1979：257.

要的特点是今天的国际共产主义运动致力于实现一个国家的民族复兴。放眼全球，中国日益成为民族复兴与国际共产主义运动有机结合的典范。

回看国际共产主义运动的发展历程，充分认识到国际共产主义运动的曲折与严峻，我们将更加清醒地知晓中华民族伟大复兴在国际共产主义运动进程中的世界性意义。众所周知，苏联共产党曾是世界上第一个大党，也是最有国际影响力的大党，但随着苏东剧变的发生，遭到激进民主派清算，从基层党组织被宣布为非法，到俄罗斯共产党被终止活动，到党产被查封，宣布为国有，苏共顷刻间解体，此后俄罗斯共产党再难成气候。同样是伴随着苏东剧变的发生，国际共产主义运动在发达资本主义国家也面临挫折，有的主动改变了党的名称，有的不再提共产主义的奋斗目标，有的主动抛弃列宁主义，有的主动宣告解散，甚至认为“现实的共产主义已经失败”，最具代表性与典型性的意大利共产党主动向右转，最终导致名存实亡。尽管在挫折中，有的党员进行了坚决的抗争与抵制，但一时无法改变当时的大颓势，更一时无法扭转国际共产主义运动的挫折。同样在苏东剧变这一时期，亚非拉的社会主义运动也面临严峻挑战，有近20个国家的执政党宣布不再搞社会主义，新独立的国家、新上台的领导者不再提社会主义，即便有的国家是社会主义国家，但也基本放弃社会主义道路。当时的国际共产主义运动在全球进入低谷，这将意味着我们充分认识和把握中华民族伟大复兴与国际共产主义运动的有机联系、有机统一具有战略性意义与价值。

中华民族伟大复兴与国际共产主义运动具有内在一致性。纵观世界历史的发展进程，我们不难发现，不存在一个国家的民族复兴不具有意识形态色彩。无论是中国历史上的“贞观之治”，还是俄国历史上的彼得一世改革、法国历史上的拿破仑法兰西帝国，这些民族复兴都具有鲜明的意识形态色彩，要么具有封建主义色彩，要么具有资本主义色彩。尤其是近代资产阶级性质的民族复兴，有力地推动了资产阶级革命，成为资产阶级革命的催化剂、推进剂。回到今天我们的中华民族伟大复兴，尽管和平与发展是时代的主流，尽管我们有着比较好的外部环境，但是社会主义与资本主义的较量从未停止过，社会主义与资本主义的竞争越来越白热化，具有社会主义性质的中华民族伟大复兴无疑是这一竞争与较量体系中的重要力量，无疑是国际共产主义运动的重要组成部分，并将大大推动国际共产主义运动的进一步发展。要实现国际共产主义运动大发展，就必须推进中华民族伟大复兴。

中华民族伟大复兴对推进国际共产主义运动的发展具有不同于以往的新特点新形式。传统的革命与战争，随着时代的进步，已经不再适应当前的形势。非战争手段逐渐成为推进国际共产主义运动的形式，比如文化输入、思想传播、外交斡旋等形式。其原因一是在于社会主义与资本主义不再是相互割裂的两个经济体系，而是发展成为“我中有你，你中有我”“一荣俱荣，一损俱损”的系统化经济体系，二者的依存度相当大；二是科技发展相互渗透的趋势越来越明显，社会主义与资本主义的界限变得比较模糊；三是现代战争的高科技化与残酷性倒逼社会主义与资本主义两大经济体系认识到，战争没有赢家，寻求更加科学的方式推进国际共产主义运动发展，才是上策。

中华民族伟大复兴的提出是基于对国际国内形势的科学判断。回望国际共产主义运动的发展过程，有很多因为判断出现偏差导致重大损失的经典案例，比如苏联共产党在十九大就根据戈尔巴乔夫所谓“现时代的特点是核威胁在增强”“核武器孕育着龙卷风，它将使人类从地球表面消失”而作出错误判断，导致苏共主动解除思想的武装，对西方的“和平演变”图谋置若罔闻，苏联政权最终崩溃，从此，国际共产主义运动进入低潮。从国际视角来看，中华民族伟大复兴的提出源于“和平与发展仍旧是时代的主题”，谋求和平与发展，致力于合作与共赢，是时代的主流。尽管短时间内的局部战争不可避免，世界的多极化与经济的全球化趋势日益明显，科技进步一日千里，综合国力的竞争日趋激烈，但是新的世界性的战争不太可能发生。从国内视角来看，中华民族伟大复兴的提出源于我们在

21 世纪的头二十年抓住了重要战略机遇期，取得综合国力的大幅度提升。正是基于国内外形势的科学判断，中华民族伟大复兴的提出既顺应了国际社会经济社会发展的潮流，也顺应了国内广大人民群众的愿景与期待；既为国际社会谋求发展提供参考与经验借鉴，也为国内解决社会主要矛盾奠定坚实的基础。

总之，中华民族伟大复兴是国际共产主义运动的里程碑。一方面这是对国家经济社会发展做出高度理性概括的结果，是对国内外形势深刻分析、科学研判的结果；另一方面这是对亿万人民群众追求美好生活的有力回应，顺应了时代进步的潮流，顺应了民心。

3.2.3　中华民族伟大复兴的国际政治经济新秩序叙事

中华民族伟大复兴之路植根于中华民族特有的历史、文化与发展实际，是一条具有中国特色的独特道路。中华民族伟大复兴不仅仅是经济的全面振兴，更是一场涉及文化、社会、政治、军事、科学等多元化的全面复兴。**首先，经济发展状况是衡量民族复兴的基础性指标**。自 1978 年改革开放以来，中国经济逐步实现了全面转型，从计划经济时代进入市场经济时代，解放生产力、发展生产力的同时，社会公众投身中国特色社会主义伟大实践的热情日渐高涨。如今，中国已经是世界制造业大国，具备完整的工业发展链条，拥有巨大的经济实力和发展潜力。但是，一个国家的综合国力不止于经济领域，军事领域业已形成的强大国防，科技领域业已取得举世瞩目的成就，外交领域不断扩大的国际舞台话语权和影响力，都是综合国力的重要体现。它们与巨大的经济实力为中华民族伟大复兴事业奠定坚实的基础。**其次，中华民族伟大复兴是世界文明进程的重要组成部分**。中华民族伟大复兴的过程是中国持续为国际社会的和平与发展贡献智慧和力量的过程。我们始终主张通过对话和协商解决国际争端，并在具体的对外交往中积极贯彻坚持这一原则，尤其是在积极参与联合国维和行动、践行“一带一路”国际倡议等合作项目方面，有力地推动全球经济的均衡和可持续发展。我们还坚持与邻为善、睦邻友好的周边外交政策，与周边国家展开了广泛的合作交流。这些主张和举措为全球治理体系改革和建设贡献了中国智慧和中国方案。**再次，中华优秀传统美德是中华民族伟大复兴的重要内容**。仁义礼智信和温良恭俭让等中华优秀传统美德在今天仍然具有重要的时代价值。这些传统美德形塑了中华民族独特的道德风貌，也为国家的长治久安提供了重要的精神动力。正是在这个意义上，中华民族伟大复兴之路是传统美德与现代文明的融合之旅，也是具有中国特色的社会主义核心价值观形成之路。这一融合之旅既增强了民族自信心和凝聚力，也为民族复兴提供坚实的文化支撑。**最后，中国在国际舞台上的责任与担当是中华民族伟大复兴的重要体现**。面对全球性的时代议题，诸如气候变化、公共卫生安全等，中国始终秉持人类命运共同体的理念，积极参与国际社会的合作与治理，不断为解决全球性问题贡献中国方案和中国力量，充分展现出中国的国际人道主义精神与责任担当。

中华民族伟大复兴是长期的发展性变革，必然对国际政治经济新秩序产生深远的影响，具有世界性意义。实现中华民族伟大复兴不仅意味着中国完成对国际政治经济新秩序的重构，更意味着这一实践将挑战并革新传统的国际关系理论。威尔逊的理想主义、摩根索的政治现实主义、卡普兰的行为主义、华尔兹的新现实主义等理论是传统国际政治经济关系理论的突出代表。这些理论对国际政治经济行为进行深刻阐释，具有很强的时代价值，但是理论以及理论创始人所处的环境与时代决定了这些理论具有较强的局限性，甚至存在许多偏见。中华民族伟大复兴不仅是中国特色社会主义的伟大实践过程，也是中华民族思维的创造过程，为我们观察和思考世界发展进程提供了一个全新的视角。中华民族的复兴过程是一个大国坚持自身发展的同时，积极参与全球治理的过程。基于这样一个视角，我们将对国际政治经济新秩序尤其是对其不合理之处，有着更深刻的理解和思考。具体来讲，中华民族伟大复兴之路让世人认识到，一个国家的崛起和发展并非只有零和博弈这一条路，合作共赢也是国家崛起与发展的一种选择。这一转向将有利于推动国际经济政治新秩序的构建，促进世界的公平与正义。同时，要充分意识到中华民族的伟大复兴不仅仅是中华民族的伟大复兴，更是世界经济社会发展的头等大事。这将引发世界对旧的国际政治经济的反思，为构建更加合理、更加公正、更有活力的政治经济新秩序提供动力；这将推动国际关系的民主化、多元化，助力各国携手平等参与国际事务，共同应对全球性的危机和挑战；这将成为世界各国尤其是发展中国家发展的有益启示和经验镜鉴。

中华民族的伟大复兴开创了观察与思考国际政治经济旧秩序的新视角。毋庸置疑，当前的国际政治经济秩序是资本主义长期扩张的产物，其内在基础是资产阶级的价值观，已经暴露出诸多不合理之处。诚然，资本的全球化在这一秩序的形成和维持中发挥着巨大的作用。因此，要从根本上实现构建国际政治经济新秩序，就必然要挑战资本的全球化统治。但是，我们也要清醒地看到，资本的全球化统治尽管存在很多问题，但是具有很强的自我调节与自我管理能力，能够主动改变和改善自身生产关系中不合理的方面，没有在全球范围出现崩盘的迹象。这意味着资产阶级价值观主导的国际政治经济旧秩序还将长期存在。尽管如此，我们必须清醒地看到，旧秩序自身的不合理、不公平决定了其消亡是必然的，是历史发展的必然趋势。充分认识到这个问题的存在，将有助于坚定构建国际政治经济新秩序的信心，有助于深刻把握旧秩序的顽固，从而在参与全球治理的进程中有理、有利、有节地维护国家利益，并为努力构建国际政治经济新秩序、为实现人类社会的和谐发展做好充足的准备。

3.3　中华民族伟大复兴的百年党史叙事

中国共产党诞生伊始，就把为中国人民谋幸福、为中华民族谋复兴确立为自己的奋斗目标与不懈追求。回首百年大党的发展历程，我们不难发现，中国共产党与全体中国人民团结一致，进行的一切伟大奋斗，作出的一切伟大牺牲，展开的一切伟大创造，无非是为了一个伟大主题：实现中华民族的伟大复兴。没有百年来党领导人民开展的伟大奋斗、伟大牺牲与伟大创造，就不可能有那么多伟大成就，更不可能有今天实现伟大民族复兴的社会条件。

3.3.1 中国特色社会主义道路是推进中华民族伟大复兴的必然选择

道路决定民族命运，这是人类社会发展进程中的历史规律。中国共产党带领中国人民开展的百年探索与实践，形成了具有中国特色的发展之路，这是推进中华民族伟大复兴的必然选择。习近平总书记特别指出，“走自己的路，是党的全部理论和实践立足点，更是党百年奋斗得出的历史结论。”① 这一历史结论发端于新民主主义革命时期对中国道路的艰辛探索，正是中国共产党实现了把马克思主义基本原理与中国革命实际相结合，成功探索并实践“农村包围城市、武装夺取政权”的中国革命之路，为日后中国共产党开辟并成功实践中国特色社会主义道路提供重要经验参照。

中国特色社会主义道路首先是社会主义道路，是坚持马克思主义指导的中国道路。这意味着社会主义道路的选择是中国特色社会主义道路的前提。今天回望民族复兴奋斗的百年进程，我们会清晰地看到，正是因为对社会主义道路的坚定不移，毛泽东开创性提出极具战略意义与时代价值的新民主主义理论，引领中国共产党与中国人民取得新民主主义革命的巨大胜利；正是因为对社会主义道路的坚定不移，我们不再拘泥于民主主义社

① 习近平．在庆祝中国共产党成立100周年大会上的讲话［N］．人民日报，2021－07－02（002）．

会的长短与否，不再机械认定社会主义在中国的早晚，不再陷于新民主主义社会与社会主义社会之间的内在关系；正是因为对社会主义道路的坚定不移，面对以美国为首的西方国家的敌对与封锁，我们不卑不亢，有理、有利、有节地既斗争又合作；正是因为对社会主义道路的坚定不移，我们以走“历史必由之路”高度理论自觉与高度行动自觉，取得一个又一个伟大的历史性成就；正是因为对社会主义道路的坚定不移，面对新中国的积贫积弱，战争年代我们百折不挠、不怕牺牲，建设年代我们奋发图强、艰苦奋斗。同时，第二次世界大战后国际共产主义运动的蓬勃发展为我们选择社会主义道路提供了重要参照，以苏联为代表的社会主义国家的工业成就为我们选择社会主义道路提供了很强的榜样示范作用。由此，我们走上社会主义道路，并建设了比较完整、系统的工业体系与国民经济体系。这是中国独立自主发展道路的最好体现，是中国共产党领导民族复兴伟业的重大叙事。

实践证明，选择并坚持社会主义道路，只是中华民族伟大复兴的第一步。经过党和人民的千辛万苦，经历过社会主义道路的探索与曲折，对社会主义道路的认识不断深化，形成中国特色社会主义道路，并由此开启了中国特色社会主义道路的新征程，这是中华民族伟大复兴的第二步。中国特色社会主义既是深刻反思中国社会主义道路基础上提出的，又是总结世界社会主义运动历史经验的基础上形成的。正是基于中国特色社会主义道路，中国用了几十年的时间走完了发达国家上百年的路，实现了经济的跨越式发展，社会的长期稳定，创造出世界性成就。实践昭示着只有中国特色社会主义道路才是中华民族伟大复兴的实现之路，只有中国特色社会主义道路才能让我们看到光明的前景。

中国特色社会主义道路经历了一个从逐步探索到坚持顶层设计优先的过程。从最初的“大胆闯，大胆试”，到“所有的改革都要于法有据”，中国特色社会主义道路更加明确、更加清晰。开辟中国特色社会主义道路的过程是坚持马克思主义指导、推进马克思主义中国化时代化的过程，探索与坚持中国特色社会主义道路也是坚持马克思主义指导、推进马克思主义中国化时代化的过程。诚如著名学者杨凤城所言，“马克思主义中国化的直接动力、核心体现、原创性成果，就蕴含于中国道路的探索与开创、形成与发展之中。”① 这一实践探索生动地呈现出中国共产党为什么能，生动地向世人昭示中国特色社会主义为什么好。一条清晰的中华民族复兴之路如画卷般在我们面前铺开，从农村包围城市的革命道路，到中国特色社会主义道路，到中国式现代化道路，中国共产党将带领中国人民成功开创美好未来，把中华民族伟大复兴推向新高度。

中国特色社会主义道路是以团结奋斗为原则的道路。中华民族伟大复兴是几千年来中华民族的梦想与追求，是全体中华儿女的期待。团结奋斗既是中国特色社会主义道路的主旋律，也是中华民族伟大复兴的主旋律。没有全体中华儿女的团结奋斗，就无法谈中华民族伟大复兴。以团结奋斗为中国特色社会主义道路的重要原则，意味着党领导人民，充分调动各方的积极性、主动性与自觉性，共同投身中华民族伟大复兴事业。历史实践证明，中国革命的胜利，社会主义建设取得的历史性成就，中国人民从站起来、富起来，到强起来，是党同人民群众团结一心、共同奋斗的结果。

3.3.2 中国特色社会主义制度是推进中华民族伟大复兴的根本保障

党的领导制度为中华民族伟大复兴提供根本的组织保证。加强党的全面领导是中国共产党基于党的执政规律、社会主义建设规律做出的科学判断与有效决策，是新时代实现“两个一百年”奋斗目标与中国式现代化的内在要求。这一制度是“横向到边，纵向到底”的制度，主要是加强和完善党对人大、政府、政协、监察机关、审判机关、检察机关、武装力量、人民团体、企事业单位、基层群众组织、社会组织等领导的制度，贯穿党

① 杨凤城．马克思主义中国化与中国道路的百年探索［J］．历史研究，2021（02）：21－28.

和国家工作的各个方面，实现全过程覆盖。同时，要加强党对各项事业领导的具体制度，把这一领导制度落实到“推进‘五位一体’总体布局、协调推进‘四个全面’战略布局”的各维度、各领域，科学有效规划和执行党对各项事业的领导，为中华民族伟大复兴提供坚强的组织保证。总之，加强党的全面领导制度是新时代推进中国特色社会主义伟大实践的内在要求，只有加强党的全面领导制度，才能确保国家的稳定与发展，人民的幸福与安康，社会的和谐与生机；只有不断完善党的全面领导制度，才能实现对时代的更好引领，满足人民群众对美好生活的向往以及对美好未来的期待。

人民代表大会制度、政治协商制度等政治制度为中华民族伟大复兴提供政治性保障。一是人民代表大会制度既充分体现了我国的国家性质，也为实现人民民主权利提供了保障。全国人民代表大会是国家最高权力机关，代表着广大人民群众的根本利益，它通过国家立法权、国家监督权的行使，切实代表和维护人民群众的根本利益。这一根本政治制度确保了国家政治体系的稳定和有序运转，使得国家沿着中国特色社会主义法治轨道阔步前行，成为中华民族伟大复兴的坚实法制基石。二是政治协商制度是通过广泛吸收和接纳社会各民主党派、各界精英形成的参政议政平台。这一平台为社会各界人士充分表达利益与有效协调利益提供了渠道与途径，进而实现了政治决策的科学化、民主化与程序化。正是在这里，社会各界精英人士就国家大事、国家重要事项展开充分讨论，做出全面协商，达成最大的共识，为国家的稳定与发展、为中华民族伟大复兴贡献智慧和力量。这种制度设计，有利于党和政府更好地了解社会各界的需求与期望，有利于政府出台更加贴近民生、顺应民意的决策，不断为中华民族伟大复兴创造有利的政治环境。

公有制为主体、多种所有制经济共同发展，按劳分配为主体、多种分配方式并存，以及社会主义市场经济体制等我国的基本经济制度，为中华民族伟大复兴提供全方位、多层次、宽领域的经济性保障。一是公有制为主体确保了国家对关键经济领域的领导，为经济社会有序运行提供稳定基础。公有制经济是国民经济中发挥主导作用的经济，是国家经济的命脉，发挥着维护国家安全、推动产业升级、引领科技创新等重要作用，有利于国家对经济资源的统一调配与规划，更有利于国家及时出手应对各种经济风险。二是私营经济、外资经济等多种非公有制经济为社会主义市场经济的发展与完善注入更多活力与创新力，与公有制经济相互促进，合力推动我国经济的健康、快速发展。与传统的经济运行结构相比，多种所有制经济共同发展的运行结构更具韧性、更有活力，更能适应全球经济的变化，更有利于应对全球经济发展的新挑战。三是按劳分配为主体、多种分配方式并存的分配制度体系，充分体现出我国社会主义初级阶段的实际情况，充分反映出社会主义市场经济的内在要求。这一分配制度体系既体现了社会主义的公平正义原则，又充分调动了社会成员的积极性、主动性与创造性，保障了社会劳动者基本权益，还形成了充满活力的分配机制，有利于人才的引进、培养和使用。四是社会主义市场经济体制的建立与完善充分体现出市场在资源配置中的决定性作用，进而实现经济活动更加符合价值规律的内在要求，为我国经济的快速发展提供重要动力。同时，针对市场失灵，政府往往通过宏观调控与政策引导确保经济的稳健运行，在保持经济持续增长的同时，实现技术创新、效益提高与结构优化。

法治体系与党和国家机构职能体系的不断健全与完善，既是中国特色社会主义制度体系建设的突出亮点，也是推动中华民族伟大复兴不可或缺的制度性支撑。一方面，法治体系的日益成熟，是社会治理理念深刻变革的结果，是我国法治的体制机制不断完善的结果。从宪法的实施和监督，到法律制度的完善，再到社会生活的方方面面都有法可依，充分彰显出法治国家、法治政府与法治社会建设的成效与进步。在当前信息化时代大背景下，成熟的法治体系为经贸合作、文化交流提供规则指引，为应对各种可能的风险与挑战提供坚实的后盾。另一方面，党和国家机构职能体系的持续优化，是国家治理体系与治理能力现代化的必然选择，是推动进一步厘清政府、市场与社会各方边界的重要途径，是实现政府职能转变与服务型政府建设的重要手段。这一持续优化不仅推动了政府决策的科学与透明，也提高了政府应对突发事件与紧急情况的研判能力与处置能力以及对经济运行的宏观调控能力，更确保了党的全方位领导，实现国家的长治久安。但是，我们要充分看到，二者并不是孤立的，割裂的，而是彼此联系、相互促进、共同发展的。法治体系的健全必定为党和国家职能体系的优化提供根本性的法律保障，党和国家职能体系的完善必将有利于推进法治的深入实施。二者的良性互动进一步巩固了中国特色社会主义制度，生动展现出中国特色社会主义制度的独特魅力，共同构成了推动中华民族不断前行的强大动力。

3.3.3　中国共产党的坚强领导是推进中华民族伟大复兴的鲜明特征

实现中华民族伟大复兴是中国共产党的历史使命。回首百年大党的发展历程，自成立以来，中国共产党就将中华民族的伟大复兴作为自己的不懈追求与崇高目标。在波澜壮阔的时代发展进程中，中国共产党以顽强的毅力、无上的决心和斗志、强大的创新力与执行力，引领中华民族从低谷走向高峰，以苦难铸就辉煌，创造出一个又一个时代奇迹，成为推进中华民族伟大复兴的最鲜明特征。在新民主主义革命时期，中国共产党以中华民族伟大复兴为崇高目标，以坚强的革命意志、非凡的革命胆略与卓越的革命领导能力，领导中国人民成功实现推翻帝国主义、封建主义和官僚资本主义三座大山，成功取得土地革命、抗日战争、解放战争等一系列的胜利。这些胜利的取得结束了中国经济社会发展困境，树立起中国人民的政治自信，为中华民族的伟大复兴创造了根本的政治前提。在社会主义革命与建设时期，中国共产党坚持以人民为中心，带领人民推进社会主义革命，消灭了持续几千年的封建剥削制度，确立社会主义制度，为中华民族伟大复兴创造了制度性前提。同时，社会主义制度确立伊始，面对帝国主义国家的封锁，中国共产党带领广大人民群众，自力更生、艰苦奋斗，在较短的时间里建立起独立的比较系统的工业体系与国民经济体系。这一阶段的社会主义建设为实现中国经济的飞速发展创造了物质性前提，是打造中华民族伟大复兴坚实物质基础的第一阶段。在改革开放和社会主义现代化建设新时期，中国共产党继往开来，以巨大的政治勇气、强烈的时代使命感，作出重大历史性决策，把党和国家工作重心转移到改革开放与经济建设上来。在这一路线的指引下，中国共产党带领中国人民开创了一条中国特色社会主义道路。通过对中国特色社会主义道路的实践，中国成功建立与完善了社会主义市场经济体制，实现了全方位的改革开放，推动了中国经济的腾飞，提高了人民的生活水平，中华民族迎来“富起来”的时代。进入新时代，中国共产党斗志更加昂扬，步伐更加坚定，中国特色社会主义更加彰显，推进国家治理体系和治理能力现代化、构建人类命运共同体、全面建成小康社会成为新时代新使命，尽显大国责任、大国担当与大国风采，中华民族迎来“强起来”的时代，中华民族伟大复兴进入不可逆转的时代征程。

中国共产党领导是中华民族伟大复兴的内生优势。自诞生之日起，中国共产党就肩负民族复兴的伟大使命。通过长期的革命、建设与改革实践，中国共产党形成了一系列的内生优势。这些优势既确保了党自身的长足发展与进步，也成为推动中华民族伟大复兴的强大动力。首先，坚定的理想信念是中国共产党的首要的内生优势。理想信念是党的灵魂，是实现中华民族伟大复兴的精神支柱。回首百年征程，中国共产党始终坚持共产主义远大理想和中国特色社会主义共同理想，面对无数艰难险阻，中国共产党始终坚定理想信念，不断带领广大人民群众勇往直前，取得一个又一个胜利。其次，强大的组织动员能力是中国共产党的第二大内生优势。强大的组织动员能力意味着面对各种复杂的局面与挑战，能够快速有效地整合资源、凝聚力量，能够及时有效地化解矛盾、解决问题，达到预期目标。强大的组织动员能力能够推动强大领导力与执行力的发挥，进而推动党和国家的事业跨越式发展，推动中华民族伟大复兴事业阔步前行。再次，密切联系群众是党领导中华民族伟大复兴的根本方法。坚持人民至上，坚持把人民群众的利益摆在突出位置，是中国共产党密切联系群众的根本立场。心中没有人民，就不可能了解民情，不可能广泛听取民意，更不可能获得人民群众的广泛信任与大力支持。正是在人民群众的广泛信任与大力支持下，中国共产党获得了深厚的群众基础，为领导中华民族伟大复兴奠定坚实的支撑。最后，勇于开展自我革命是中国共产党领导中华民族伟大复兴的根本保障。自我革命是中国共产党特有的鲜明品格。自我革命是中国共产党不断适应新情况、新局面的重要路径，是主动适应时代发展变化与实践发展要求的重要体现。正是通过自我革命、自我完善与自我提高，中国共产党能够始终保持与时俱进的状态，始终走在社会发展的前列。正是因为坚持了自我革命，不断完成对自身缺点、自身不足的克服，中国共产党才在领导中华民族伟大复兴的征程中不断焕发出新的生机与新的活力。

中国共产党领导中华民族伟大复兴的具体体现。一是对中华民族伟大复兴的政治领导。从领导战略来看，中国共产党始终坚持马克思主义的指导地位，始终推进马克思主义的中国化时代化，大力谋划，系统规划，形成一系列国家发展战略，成为中华民族伟大复兴的行动纲领。从政策引领来看，中国共产党通过出台一系列国家经济社会发展政策，有力地推动中国经济社会的快速发展，奠定了民族复兴的坚实物质基础。从法治保障来看，中国共产党通过推进全面依法治国，实现法律体系的完善，确保中华民族伟大复兴在法治轨道上有序推进。二是对中华民族伟大复兴的思想领导。在理论创新上，中国共产党自建党伊始，就大力推进马克思主义的中国化，形成了一系列马克思主义中国化的成果，为中华民族伟大复兴提供了强有力的思想武器。在文化引领上，中国共产党特别注重马克思主义基本原理与中华优秀传统文化的结合，大力弘扬中华优秀传统文化、中国革命文化与社会主义先进文化，不断为中华民族伟大复兴注入强大精神动力。在意识形态工作上，中国共产党自觉以实际行动捍卫民族利益，不断巩固全党全国各族人民群众的共同的思想基础，营造出民族复兴的良好氛围。三是对中华民族伟大复兴的组织领导。中国共产党始终注重加强自身队伍建设，不断提高党的执政能力与领导水平，不断选拔和培养一批批忠诚、干净、有担当、德才兼备的干部，不断发动群众形成广泛共识与社会合力，为中华民族伟大复兴提供坚强的组织保障、人才支撑与事业基础。

第4章　凸显全过程人民民主特征的政治叙事

政治叙事的基点既是政治叙事的起点，也是政治叙事展开的来源，它深刻决定了政治叙事的方向、内容与形式，具有强大的政治定位功能。全过程人民民主是具有中国特色的社会主义民主政治理念与实践，其叙事构建的基点主要体现在其内在特征、时代价值与社会实践等多个维度。全过程人民民主的政治叙事强调民主过程的全面性、真实性与有效性，突出人民意愿的充分表达，人民利益的充分保障，确保人民在政治生活中的主体地位。

4.1　新中国成立以来的政治叙事演进

目前，围绕政治叙事的研究，已经有很多成果见诸报刊、著作等，但是结合新中国成立以来的宏大历史进程展开研究的成果比较少。新中国成立以来，党和国家的面貌不断发生变化，从物质上的匮乏到物质上的丰盈，从数量颇多的文盲到今天较高的教育普及率，从对生存的追求到今天对安全的重视，无不一一折射出国家日新月异的变化与政治叙事的演进历程。

4.1.1　物质优先的生存型政治叙事：合法性与正确性的建构

新中国成立前，国家贫弱，战乱频发，百姓饥寒交迫，生活水平到了极低的程度，这是一段充满苦难的历史过程。社会动荡是这一时期的第一个特点，从晚清到民国，从太平天国起义、中日甲午战争，到八国联军侵华、北洋军阀混战，一直到北伐战争、抗日战争，中国经历了诸多内战与外敌入侵，出现人员伤亡的同时，社会秩序陷入大动荡。经济萧条是这一时期的第二个特点。农田荒芜，无法正常耕作；交通运输瘫痪，物资流通受阻；工业原材料短缺，许多商店关门，商业活动没有活力，市场需求日益萎靡，经济困境不断加剧，这些都是多年战乱的必然结果。面对日益频发的战争与社会动荡，人民不得不逃离战区，失去了家园和生计，这是这一时期的第三个特点。失去家园与生计的人民面临各种各样的艰难困苦，包括食物短缺、无处安身、疾病缠身。许多人生活极其艰辛，在艰难困苦中饿死、病死或冻死。新中国成立前的中国人民经历了深重的苦难。正是这些数不清的苦难，让中国人民倍加珍惜和平，更加支持新中国的成立、社会主义革命与建设。

生存型政治叙事的第一阶段：全面恢复并初步发展国民经济。新中国成立之初，经济上的主要挑战集中在农业生产环境非常恶劣，工业生产力水平非常低下，交通运输条件非常差，经济金融秩序一团糟，人均收入非常低。面对这样一个复杂的经济境况，党和国家及时采取有效的经济措施确保经济的平稳运行。这主要包括通过没收官僚资本、开展“三反”“五反”运动、寻求苏联援助等举措扩大生产资料；通过取消封建土地所有制、允许土地归农民所有、重新定位农业等举措进一步释放农村发展的生产力；通过稳定金融与物价、调整工商业的生产关系等举措理顺社会经济运行各环节的生产关系；通过组建经济工作领导机构、确立经济发展战略等举措推动上层建筑服务于经济发展。随着经济的发展与过渡时期总路线的顺利实施，基本确立了社会主义基本经济制度。

生存型政治叙事的第二阶段：计划经济的建立与探索。社会主义经济制度的建立标志着国家进入社会主义建设的新时期。在这一时期，毛泽东等老一辈党和国家领导人创造性地提出，要将马克思主义基本原理同我国国情进行“第二次结合”①，要尽可能地挖掘和调动国际国内一切有利于社会主义建设事业的积极因素。党的八大则进一步提出，国内主要矛盾一是人民对于建立先进的工业国的要求同落后的农业国的现实之间的矛盾，二是人民对于经济文化迅速发展的需要同当前经济文化不能满足人民需要的状况之间的矛盾②。由此，中国进入社会主义经济建设探索的新阶段。微调国民经济所有制结构、探索经济管理体制改革等成为这一阶段的重要举措。当时的党和国家领导人在理论与实践上都取得了重大突破，并且萌发“公有制为主体、多种所有制并存”的初步认识，尽管理论认识尚不彻底。同时，为了策动地方经济建设的积极性，中央主动下放权力，赋予地方一定的经营自主权，并且在税收等方面进一步向地方倾斜。这些做法与举措是生存型政治叙事中的必然选择，是物质优先政治叙事的重要体现。

生存型政治叙事的第三阶段：经济建设遭遇挫折。对社会主义经济建设的探索不是一帆风顺的。囿于“阶级斗争为纲”思想的影响，经济建设也“处处，时时，事事”围绕“阶级斗争为纲”展开。为此，中央的经济政策也会出现反复调整与变动，社会生产力的发展也接连受到影响，出现了一些违背客观规律的认识与做法，过分突出人的主观能动性的价值，超越了经济发展的现实状况，社会主义经济建设遭遇严重挫折。大跃进与人民公社化运动时期成为社会主义经济建设的第一挫折期，主要表现在工业上要求“赶英超美”，农业上大力宣传“人有多大胆、地有多大产”。同时，随着人民公社化运动的推进，跑步进入共产主义的错误认识与错误做法也弥漫整个社会，主要包括一切服务于全民炼钢、服务于“大办工厂”，任意调拨生产队员的劳动力与财产，生产队之间大力追求平均化，盲目开办社会福利机构等。这些认识与做法目的是好的，方向是对的，尽管短时

① 中国共产党历史（第 2 卷）（1949 - 1978）（上册）[M]. 北京：中共党史出版社，2011：379.

② 中共中央关于党的百年奋斗重大成就和历史经验的决议 [M]. 北京：人民出版社，2021：11.

间内也推动了经济建设的部分发展，但由于脱离了经济社会发展的实际情况，脱离了经济社会发展的内在规律，挫伤了广大人民群众的积极性与主动性。随着经济脱离实际情况的不断演化，经济发展日益恶化，人民群众的生活日益艰难，党和国家及时进行了冷静客观的分析，及时调整了政策，但没有从根本上扭转经济发展的错误认识与不利局面。进入 20 世纪 60 年代，“文化大革命”成为社会主义经济建设的第二挫折期。在这一时期，全国范围的工人开始“造反”，组织“串联”，对正常的生产、经营等活动造成严重破坏，对交通运输造成紧张，严重干扰了社会主义经济建设，国民经济建设进入低谷。值得一提的是，在极端恶劣的外部条件下，经济指标在 20 世纪 70 年代尤其是文革后期，逐步恢复增长，国家在工业、交通、科技等领域取得长足发展，比如长江大桥的建成、杂交水稻的推广、人造卫星和运载火箭等技术的掌握等。

4.1.2　物质与精神并重的发展型政治叙事：全面建成小康社会

随着“文化大革命”的结束，国家面临社会主义道路如何走的重大问题。党的十一届三中全会的胜利召开，开启了改革开放与社会主义现代化建设的新时期。在这一时期，国家大力推进经济体制改革，坚持“物质文明与精神文明两手都要抓，两手都要硬”的总基调，确立了社会主义初级阶段的理论、路线和纲领，逐步建立起社会主义市场经济体制，形成了融入全球发展的大格局，取得了经济社会发展的巨大成就。

物质文明建设的成就主要表现在：一是形成了以经济建设为中心的根本战略。围绕这一战略，纠正了过往“以阶级斗争为纲”的错误路线，确立了社会主义初级阶段的基本路线，建立了社会主义市场经济体制，充分彰显出社会主义的本质属性。二是形成了强大的经济实力与综合国力。截至 2002 年，国内生产总值年均增长两位数，人均国内生产总值更是达到

9398 元，在发展中国家名列前茅；煤炭、化学纤维等重要工业原材料产量位列世界首位，外汇储备位列世界第二[①]。三是形成了日益丰富的物质生活。随着经济的持续增长，人民群众的物质生活不断得到改善，收入大幅度增加。在农村与城市，人均纯收入、人均可支配收入，相比 1978 年，都有大幅增加，平均每年分别实际增长 13.2% 和 12.9%[②]。与收入增加相伴的是人们的消费水平不断提高，消费方式发生了巨大的变化，自主消费意识不断增强。四是形成了对外开放的新格局。自 20 世纪 80 年代建立经济特区以来，国家持续推进改革开放，形成了经济特区、沿海、沿江、沿边开放城市的多元化、全方位、宽领域的系列开放格局。同时，稳步推进对外经贸合作，逐步形成“引进来”与“走出去”的双向互动机制，进一步拓展发展空间，融入世界经济一体化进程。

精神文明建设的成就主要表现在：**一是思想文化日益多元化**。改革开放打破了传统的一元化思想格局，人们逐渐自由地表达思想，充分地交流观点，学术界、文化界和艺术界的活跃与繁荣前所未有，有力地推动了社会的进步与发展。除了理论的深入探讨与交流，实践层面也不断取得新突破。随着改革开放的推进，一大批优秀的文艺作品得以涌现，一系列社会文化活动得以创办，既反映了社会发展的实际，也有力推动了文化的繁荣，还促进了国际文化的交流与合作。**二是教育体系日益完善**。义务教育已经实现全面普及，更多的孩子在接受教育，全社会的文化素养得以大幅度提高。越来越多的学生有机会进入大学读书，高等教育的毛入学率也大幅提升，高等教育呈现出大众化的趋势。在义务教育与高等教育之外，职业教育、成人教育等教育形式也蓬勃发展，获得巨大提升，满足了不同群体对学习的需求，给予他们更多的选择和机会。这些变化意味着我国国民教育水平显著提升，为科技、经济、文化等领域培养大批的高素质、高技

---

① 国家统计局国民经济综合统计司编．新中国六十年统计资料汇编［M］．北京：中国统计出版社，2010：200.

② 国家统计局国民经济综合统计司编．新中国六十年统计资料汇编［M］．北京：中国统计出版社，2010：315.

能人才，有力支撑我国的现代化建设。**三是文化产业日益蓬勃发展**。各个领域都取得明显进步，电影产业市场规模不断扩大，进入电影产业的黄金期，电影的生产力水平大幅度提升；广播电视领域广泛应用新技术与新媒体，节目质量节节攀升，在国际上的影响力也不断增强；出版产业不仅满足了广大人民群众的阅读需求，还成为具有广泛国际影响的行业；国家对动漫产业持续扶持，动漫产业产值年年上涨，业已形成动漫产业健康发展的新机制。同时，涌现出一批国际影响力的文化作品与文化品牌。这些作品与品牌既在国内广受欢迎与好评，也在国际市场取得巨大成功，全面展示了中国文化的魅力。**四是公共文化服务体系日益健全**。自改革开放以来，形成了遍布全国的文化设施网络，图书馆、博物馆、文化馆等设施如雨后春笋般涌现，从数量到质量都有显著提升，既为社会公众提供了学习历史、了解文化的机会，也为社会公众提供了多样化的文化活动场所。随着文化设施的不断完善，群众的精神生活也日渐丰富多彩，比如图书馆举办的阅读推广活动，博物馆举办的文化展览活动，文化馆举办的艺术培训活动等，不仅对接了广大人民群众的精神生活需求，还极大提高了整个社会的文化素养。覆盖城乡的公共文化服务网络有力缩小了城乡之间的文化差异，广大村民轻松获得健康、积极、向上的公共文化服务，有力推动了社会的全面进步。**五是社会主义核心价值观获得大力传播与广泛认同**。社会主义核心价值观的传播渠道主要包括但不限于媒体宣传、思政宣传、公众场所宣传。媒体宣传依赖于广播、电视、报纸、网络等媒体平台开展传播，思想政治教育宣传主要是通过课堂教学、主题活动、社会实践等多种形式开展传播，公共场所宣传是依赖公园、广场、车站等，以标语、宣传画、电子显示屏等形式开展传播，目的都是不断向受众传递社会主义核心价值观的内容和精神，在深刻理解社会主义核心价值观基础上践行社会主义核心价值观。主题都是向全社会传播正能量，弘扬主旋律。随着社会主义核心价值观传播的不断深入，人们逐渐学深悟透社会主义核心价值观的内容与精神，逐渐把社会主义核心价值观转化为人们日常生活的行为准则和道德规范，呈现出强烈而广泛的社会认同，有力促进了社会公众之间的相互理解和信任，增强了社会公众的凝聚力与向心力，提升了社会公众的国家意识与民族自豪感，从而为国家长远发展提供稳定的思想基础与精神支撑。

总之，在发展型政治叙事阶段，物质文明与精神文明取得了巨大的成就，充分体现了国家经济硬实力与文化软实力的提升，全面彰显出人民群众物质生活与精神文化生活的不断丰富与提高，为全面建成小康社会奠定了坚实的基础。

4.1.3　国家利益至上的安全型政治叙事：实现中华民族伟大复兴

国家安全的叙事的缘起与初步探索。1949 年新中国成立之初，中国共产党领导的新生政权面临诸多问题与挑战，国家安全尤其严峻。一方面，西方国家对中国展开了一系列的封锁与遏制，并将朝鲜战争的战火引燃到中国边境，着力从政治、经济、文化、军事等多个维度孤立中国；另一方面，20 世纪 60 年代中国与苏联关系破裂，中国与印度边境冲突升级，台海局势紧张。种种迹象表明这一切对中国的国家安全构成巨大威胁。以毛泽东同志为核心的第一代中央领导集体，审时度势，积极开启了国家安全道路的探索，形成了维护国家安全的战略理念。一是独立自主地开展中国内政与外交，坚决反对任何国家以任何方式干预中国内政。对此，毛泽东反复强调，“中国的事情必须由中国人民自己作主张，”[①]“不允许任何外国及联合国干涉中国内政。”[②] 这一原则成为日后中国探索国家安全的根本性原则。二是坚决反对任何形式的国家侵害。面对朝鲜战争引发的国家安全威胁，中央谨慎考虑，作出保家卫国的重大战略决策，有力捍卫了国家利益。面对印度的侵略扩张行动，中国积极展开自卫反击战，对其军事侵犯

① 毛泽东选集（第 4 卷）［M］. 北京：人民出版社，1991：1465.

② 毛泽东外交文选［M］. 北京：中央文献出版社，1994：78.

予以坚决的还击，实现了对国家主权和领土完整的坚决维护。三是团结一切可以团结的力量，对霸权主义进行坚决的斗争。20 世纪 70 年代毛泽东创造性地将中国革命的法宝“统一战线”运用到国家安全战略中，提出“三个世界”的战略划分，形成了与中国优势相结合的国际反霸统一战线。四是加快以现代化为中心的国防安全建设。围绕保卫国家安全的根本任务，军队培养了一大批军事指挥人才和专业技术人才，成功研制出一批高精尖武器，有力支撑了国防建设，为国家安全奠定坚实的基础。

和平与发展时代背景下的国家安全叙事。这一宏大叙事主要包括三个阶段。在第一阶段，以邓小平同志为核心的中央领导集体敏锐观察国际新变化，对国家安全环境作出务实判断，提出当今世界的主题是和平与发展。同时，邓小平认为，处理同世界各国关系时，必须将国家的主权与安全始终放在第一位。① 围绕国家安全，党中央还提出了“一国两制”的战略构想，科学解决了国家安全问题，有力地维护了国家主权。围绕营造一个发展经济的稳定和谐环境，对于个别领土争端，邓小平提出搁置争议的战略思想，以期集中精力大力发展国家经济。这些国家安全战略构想与实践，是一条务实有效的、长远可持续的国家安全之路，为中国的改革开放创造了安定和谐的发展环境，提升了国家的综合国力。在第二阶段，面对苏联解体、东欧剧变后的国际新形势，以江泽民同志为核心的中央领导集体结合中国具体实际，及时提出以互信合作为基础的新安全观。国际新安全观的理论背景是传统的“零和关系”“绝对安全”处于尴尬境地，一时难以解释时代发生的巨大变化，互利共赢的集体安全理念正在日益凸显，实践背景则是随着苏联解体与东欧剧变的发生，世界多极化正在形成。在这一阶段，对新国家安全观的践行主要体现在：一是创建和发展了上海合作组织，其成员国倡导并形成了具有鲜明时代特色的“上海精神”；二是构建国际关系“结伴不结盟”的安全机制，开创了和平解决彼此分歧的新局面。在第三阶段，以胡锦涛同志为核心的中央领导集体，根据全球经济

① 邓小平文选（第 3 卷）［M］．北京：人民出版社，1993：348.

发展的不平衡、国际霸权主义与强权政治的存在、中国经济社会发展与国际影响力的实际，提出了“走和平发展道路，构建和谐世界”的综合国家安全观。围绕国家安全的系统性，胡锦涛强调：“要正确认识和把握国家安全形势发展变化，牢固树立综合安全观念，坚持把发展作为第一要务，坚持把国家主权和安全放在第一位。”① 维护国家主权与领土的完整统一，确保国家经济安全、文化安全，对传统军事安全与国家科技安全加以重视，将人的安全和生态安全共同列入国家安全，等等，都是国家综合安全观的内容。对于如何综合维护国家安全，对外是加强国际合作，对内则是提升国家综合实力与国家文化软实力，加快国防现代化改革。

新时代国家安全叙事。党的二十大指出，国家安全是民族复兴的根基，必须坚定不移贯彻总体国家安全观，把维护国家安全贯穿党和国家工作各方面全过程②。党的十八大以来，国家安全形势进入新阶段，安全威胁日益复杂：中国周边安全局势复杂多变，民族主义、恐怖主义、敌对势力三大因素成为国家安全的巨大威胁，重大自然灾害与疾病疫情等安全问题不断涌现，维护国家安全的任务与工作愈益繁重。面对这样的国内外局面，以习近平同志为核心的党中央大力推进国家安全理论与实践创新，取得了一系列的成果，形成了中国特色的国家安全观。一是坚持国家核心利益至上的原则。这是国家安全的底线，任何时候都不能动摇。对此，习近平总书记强调：“任何外国不要指望我们会拿自己的核心利益做交易，不要指望我们会吞下损害我国主权、安全、发展利益的苦果。”③ 一方面，国家安全为确保国际环境与国内环境的和平稳定，以及经济社会发展提供根本保证；另一方面，经济社会快速发展，人民分享到经济社会发展的成果，必然为国家安全创造根本基础。二是坚持统筹“国内国外两个大局、发展与

① 胡锦涛．在新的起点上全面加强军队革命化现代化正规化建设不断提高有效履行新世纪新阶段军队历史使命能力［N］．人民日报，2010－03－13（001）．

② 习近平．高举中国特色社会主义伟大旗帜为全面建设社会主义现代化国家而团结奋斗——在中国共产党第二十次全国代表大会上的报告［M］．北京：人民出版社，2022：52．

③ 习近平谈治国理政［M］．北京：外文出版社，2014：249．

安全两件大事”。随着国际国内形势的日新月异，积极参与新时代的全球治理，推进全球治理体系的变革，切实维护我国国家安全，是实现国家安全的重要途径。对外构建新型大国关系、对内积极推进网络强国与文化强国建设，是践行中国特色国家安全观的三大战略谋划。因此，既要推动构建与各大国之间的全方位合作关系，也要增强文化创造力，推进国际话语权建设，更要从国际国内大势出发，提升网络安全建设水平。三是形成了国家安全工作统筹平台，出台了一系列文件。这主要包括成立中央国家安全委员会、出台《国家安全战略纲要》、完善《国家安全法》等。这一系列举措充分展示，党和国家对国家安全的重视达到新高度，国家安全治理水平正在跃上新台阶。

4.2 全过程人民民主的政治叙事结构

民主是人类社会发展进程中形成的共同价值，人民民主是中国共产党与中国人民在长期的革命、建设与改革中形成的、长期坚持的重要价值。中国共产党自成立之日起，在推进马克思主义中国化时代化的过程中，走出了一条符合中国实际、具有中国特色的民主之路。党的十八大以来，以习近平同志为核心的党中央带领全国人民创造性地提出“全过程人民民主”的重要观点，从多个维度阐述了全过程人民民主的基本内容、内在规律与深层结构，深化了对民主建设规律的认识，推动了中国特色社会主义民主的大发展。

4.2.1 全过程人民民主的时空生成

数千年来，世界各国人民对民主的探索从未停止，中国人民也不例外。对全过程人民民主的探索自中国共产党成立伊始就开启了。这一探索过程贯穿于中国革命、建设与改革的全过程，贯穿于中国人民的伟大斗争、伟大工程、伟大事业、伟大梦想的全过程，贯穿于中国共产党团结带领人民伟大奋斗的全过程。没有中国共产党带领全国人民的艰辛探索、深刻认识与创新引领，就没有全过程人民民主这一崭新的民主样态。回首过往，我们不难看出，具有中国特色的全过程人民民主经历了从“1.0”到“4.0”的发展进程，具有鲜明的时代特征。

全过程人民民主 1.0：从朴素的民主认识到民主实践演化。中国共产党人对民主的认识来源于马克思主义经典作家的理论阐释与建构，来源于共产国际实践的总结与提炼。李大钊认为，要巩固新制度新理想的基础，就必须经过一个无产者专政的时期[①]。随后，党的一大把“承认无产阶级专政”写进党纲，党的二大则提出了“民主共和国”的主张，党的三大对民主的认识进一步深化，提出参与国民政府民主政权建设。但是随着大革命的失败，中国共产党人对民主的认识发生了转变，工农民主专政开始进入人们的视野。这一时期的标志性事件是建立了第一个全国性工农民主政权。在工农民主政权建设过程中，强调“苏维埃全政权是属于工人、农民、红军兵士及一切劳苦民众的”[②]，突出坚持民主与专政的统一。这是中国共产党带领中国人民在中国局部地区开展的全过程人民民主探索的第一步，具有重大开创性价值与意义。尽管这一探索过程，可能存在这样那样的不足与局限，但是这一探索在实质意义上开启了全过程人民民主探索的 1.0 版本。随着革命形势的不断高涨与发展，全过程人民民主 1.0 版本不断演进，中国共产党决定将“苏维埃工农共和国”变更为“苏维埃人民共和国”，后又旗帜鲜明地提出“民主共和国”。实践的不断深化推动认识不断深入，毛泽东在 1939 年提出了“人民民主”概念，革命的目的就是“建立一个人民民主的共和国”[③]。此后，“新民主主义革命”“新民主主义

① 李大钊全集（第 4 卷）[M]. 石家庄：河北教育出版社，1999：107 - 108.

② 中共中央文献研究室，中央档案馆. 建党以来重要文献选编（1921—1949）（第 8 册）[G]. 北京：中央文献出版社，2011：650.

③ 毛泽东选集（第 2 卷）[M]. 北京：人民出版社，1991：563.

共和国”“新民主主义的国家制度”等概念呼之欲出，这意味着全过程人民民主1.0版本进入新阶段。在解放战争时期，毛泽东结合民主政治发展的实际，强调“实行人民民主制度”①，强调人民民主专政是无产阶级领导的，以工农联盟为基础的，资产阶级知识分子参加的民主专政，要求各级政府、各种政权机关都要加上“人民”二字。

全过程人民民主2.0：人民民主从理论与实践向制度化、革命化推进。人民民主的理论与实践如果没有上升为制度安排，就无法发挥人民民主自身的优势与特点。1949年《中国人民政治协商会议共同纲领》《中华人民共和国政治协商会议组织法》《中华人民共和国中央人民政府组织法》等法律文件的出台，标志着人民民主进入制度性安排。在这些法律性文件中，对国家的民主性质与民主集中制的原则作了具体规定，明确指出中华人民共和国的国家性质是新民主主义或人民民主主义，人民行使国家权力的机关是各级人民代表大会与各级人民政府。在国家机构的组成人员方面，强调各民主党派、无党派人士、民主爱国人士的相应比例，以国家机构的运行充分体现共和国的人民民主。随着1954年全国人民代表大会的胜利召开与《中华人民共和国宪法》（以下简称《宪法》）的审议通过，中华人民共和国的人民民主性质以法律形式予以明确。《宪法》以较大的篇幅对人民民主权利作出详细规定，人民当家作主有了坚实的制度支撑。1956年社会主义三大改造完成，中国进入社会主义革命与建设的新时期，社会主义民主的实践与建构也进入新的阶段。在这一阶段，人民民主也从新民主主义时期差异化的民主诉求转向根本利益一致基础上的同质性民主诉求，人民当家作主的政治架构、经济基础、法律原则与制度框架等也完成确立，中国民主的创造性发展进入新纪元。

全过程人民民主3.0：对人民民主认识与实践的创造性深化。在认识层面，人民民主成为社会主义现代化建设的重要内容。民主虽然属于政治的概念范畴，但是对它起到决定性作用的是经济基础。民主是服务于经济

① 毛泽东选集（第4卷）[M]. 北京：人民出版社，1991：1237.

基础的。自改革开放伊始，中国共产党人就把民主上升到服务于经济基础这一战略层面，并将其认定为社会主义现代化建设这一战略目标。以民主调动各方面的积极性与主动性，以民主建成社会主义、成就社会主义，成为党和国家的共识。1982 年将建设高度的社会主义民主确定为社会主义现代化建设的根本任务，党的十六大将社会主义民主政治确定为全面建设小康社会的重要目标，党的十七大作出“人民民主是社会主义的生命”[①] 的著名论断，随着民主认识的不断深化，人民当家作主成为社会主义民主政治的重要内容，实现和发展人民民主成为党和国家的重要工作。制度问题是实现和发展人民民主的根本性问题。邓小平认为，为了保障人民民主，必须加强法制[②]。以制度化、规范化与程序化推动人民民主建设，是我国人民民主制度建设走向快车道的重要标志。《中华人民共和国地方各级人民代表大会和地方各级人民政府组织法》《中华人民共和国全国人民代表大会和地方各级人民代表大会选举法》《中华人民共和国民族区域自治法》《中华人民共和国村民委员会组织法》《中华人民共和国城市居民委员会组织法》等一批法律法规的相继出台，有力地推动了社会主义民主制度的建设，提升了社会主义民主的制度化、规范化与程序化水平，完善了人民当家作主的制度体系，并形成了具有中国特色的社会主义民主建设道路。这条道路是与资产阶级民主、个人主义民主相区别的，是坚持把对人民的民主和对敌人的专政相结合的民主之路，是坚持把民主和集中、民主和法制、民主和纪律、民主和党的领导相结合的民主之路，是坚持中国共产党领导、人民当家作主、依法治国有机统一为核心内容的民主之路。

全过程人民民主 4.0：对人民民主认识与实践的创新性发展。一是回应人民的期盼。中国特色社会主义进入新时代以来，人民民主进入到国家政治生活、社会生活的各个领域、各个层面，从原本抽象的意识形态话语

---

① 中共中央文献研究室．改革开放三十年重要文献选编（下）［G］．北京：中央文献出版社，2008：1256.

② 邓小平文选（第 2 卷）［M］．北京：人民出版社，1994：168.

转化为切实可行的行动。这主要体现在党内民主带动了人民民主的发展与进步，深化了党和国家机构的改革，营造出风清气正的政治生态；人民民主的国家制度体系更加完善、更加健全、更加成熟，国家治理体系与治理能力达到新高度；以人民为中心的民主认识与实践进一步加强，同步发展政治民主、经济民主与社会民主，人民对美好生活的需要进入社会主义民主的视野，成为社会主义民主的重要内容。**二是提出“全过程人民民主”理念**。全过程人民民主是对实践经验的深刻总结。随着时代的发展与进步，“发展更加广泛、更加充分、更加健全的人民民主”成为举国共识。如何实现这一共识？全过程人民民主是对这一问题的有力回答。全过程人民民主是中国共产党带领中国人民百年奋斗的深刻总结，是人民当家作主的创新性制度安排，是贴近实际、真实管用、科学有效的制度安排。**三是形成了具有新时代特色的人民当家作主的民主理论体系**。在民主的内涵层面，全过程人民民主凸显出民主的广泛性、全面性与开放性，既涉及政治、经济、文化、生态等多个领域，又是政治民主、经济民主、社会民主与文化民主的内在统一。在民主的制度层面，人民民主贯穿于根本政治制度、基本政治制度与各项具体制度，贯穿于最广泛的爱国主义统一战线，是国家治理体系与治理能力的根本体现。在民主的实践层面，全过程人民民主在民主选举、民主协商、民主决策、民主管理、民主监督多个环节实现贯通，注重“解决人民需要解决的问题”①，注重广泛参与权，注重选举承诺的兑现，注重民主制度的执行与落实，注重发挥人民的监督与制约作用。

4.2.2 全过程人民民主的比较优势

一是人民至上的民主理念。民主是西方资产阶级的价值理念之一。从西方民主的起源，我们不难发现，西方国家倡导的民主是自由主义占上风的民主，是强调个人利益至上的民主，是摒弃了共和与平等的民主。同

① 中华人民共和国国务院新闻办公室．中国的民主［N］．人民日报，2021－12－05（5－7）．

时，自由主义占上风必然导致资本的肆意妄为，资本至上就成为西方民主的典型特征。在资本的影响下，所有的社会活动都离不开个人利益的最大化，由此衍生的政治价值理念也是服务于少数精英人士的价值理念。这是西方民主理念的基石。但毋庸置疑的是，西方民主的背后是自由竞争的市场运行机制、资本主导的经济体系、精英群体形成的国家治理结构。西方民主的现象就是以必要的制度安排实现某些人的权力，选票是实现权力的根本媒介。选票的多寡与否往往取决于某些人所在集团的经济状况。权力的实现就是资本的成功，就是私人利益的获取。因此，西方民主的运行是资本主导与控制下的运行。

马克思主义经典作家突破资本主义私有制主导下的西方民主，重新确定了民主的真正价值与意义。马克思主义视域下的民主是从现实的人出发的民主，是高度重视人民群众在社会实践中主动性的民主，是把异化的民主回归到人民群众的民主。简单来讲，马克思主义视域下的民主是现实的人的民主，不是抽象的人的民主。全过程人民民主就是马克思主义民主观的创新性发展，是充分体现马克思主义民主观真谛的民主。全过程人民民主突出强调人民至上，人民群众的主体地位至上，人民群众的首创精神至上。全方位、最大限度确保人民参与国家的政治生活，参与选举，参与监督，参与国家治理，确保人民共享民主的成果，这是真正的民主。从这个意义上来讲，全过程人民民主是实现人的自由而全面发展的民主，是聚焦社会公平与正义的民主，是聚力实现共同富裕的民主，更是超越西方资本主义的民主。

二是高质量运行的民主实践。西方民主的实践成效没有如西方资产阶级所愿，显现出多种缺陷与不足。代议制的民主选举注重的是如何短期内赢得选票，是忽视民众长期利益的短期套现行为。在西方政客那里，选举时的认真负责与选举后的民主权利实现没有联动关系，他们更看重的是选举计票的过程与结果。为兑现选举前的民众福利要求，选举胜出者必须加大财政支出，甚至发行国债筹资。因此，选举前的福利允诺成为选举后福利周期比拼。同时，西方民主的实现过程是一个为个体利益不断竞争、撕裂与对立的过程，对国家政治稳定性构成严重威胁。这一过程不是追求同一与统一的过程，很难把社会各类群众聚合到一起。看似民众在民主选举中拥有更多选择，相互制衡，实则形成了恶性党争，相互掣肘，对国家的政局产生严重的不良影响。西方民主的实现过程还是一个为自身利益最大化、不断否定其他党派的过程。通过否定其他党派，进而否定其他党派既定的政治经济政策，最终维护自身所处利益集团的利益。民众在这一过程中看似有所选择，实则一无所获。西方民主的实现过程更是一个服务于权势阶层、漠视公共利益的过程。“国会不再是汇聚民意、确定并实现公共利益的立法机构，而是异化为不同利益集团争权夺利、权钱交易的政治场所；政府也不再忠诚于公民权利和国家利益，而是服务于权势阶级。”① 不得不说，西方民主在实践中遭遇了很多问题，从党派恶斗，到社会矛盾激化；从恐怖主义抬头，到民粹主义泛滥；从发动“颜色革命”，到“水土不服”，西方民主的弊端一览无余，西方民主不具有普适性。

全过程人民民主是中国共产党带领全国人民长期实践的结果，既有深厚的理论基础，又有充分的实践经验，并形成具有中国特色的民主高质量实践机制。全过程人民民主突出注重人民的整体利益与长远利益，从社会主义革命和建设时期强调阶段性任务，到改革开放时期的百年奋斗目标，到新时代的中华民族伟大复兴，无不是坚持立足当下、放眼未来的科学决策。这是全过程人民民主在坚持大局观上的充分体现。全过程人民民主的高质量实践主要体现在协商民主的运行上。协商民主是通过广泛的参与、合作与协调，找到各社会群体之间的平衡，找到全社会的共同意愿，保障国家的长治久安与社会的长期和谐稳定。一方面，在国家具体事务上，各民主党派积极建言献策，为国家发展与社会进步贡献智慧和力量；另一方面，党和政府的新政策出台前，必定向各民主党派广泛征求意见和建议。这充分体现出全过程人民民主视域下的中国政党关系是非竞争性的关系，

---

① 孙莹．全过程人民民主的价值内核与治理优势［J］．探索，2022（04）：49-58.

是互相尊重与合作的关系，是拥有共同认知基础的关系。全过程人民民主的高质量实践还体现在坚持民主与集中相统一的原则。“民主”意味着选举的全过程要民主，协商的全过程要民主，决策的全过程要民主，管理的全过程要民主，监督的全过程要民主。“集中”意味着集中力量办大事，意味着从全局高度去把握各项工作的轻重缓急，意味着社会动员的高效。正是在这个意义上，全过程人民民主是超越当下的民主实践，是将过去、现在和未来一体化的民主实践。中国经济的迅速发展，人民生活水平的大幅提高，治理体系与治理能力的现代化达成，无不有高质量民主的生动参与。

4.2.3　全过程人民民主的方法论价值

全过程人民民主充分体现出新时代对中国民主政治发展规律认识的深化，是关于社会主义民主发展规律的认识论、实践论与方法论的根本统一。全过程人民民主自身既有对目标的明确追求，又有实现目标的根本思维方法。这是马克思主义唯物辩证法在社会主义民主政治建设中的全面展开。

全过程人民民主充分体现出“既谋万世，又谋全局”的战略思维方法。以战略思维来谋划和推进社会主义民主政治建设，必将对国家政治生活产生长期性、根本性、全局性的作用。如何从根本上做到“既谋万世，又谋全局”？一要在时间上走出自身所处的时代。只有从跳出历史周期率认识的视角，才能深刻洞察治乱兴衰的内在，才能实现党和国家的长久治安。正是基于这样一种战略思维，人民的监督作为全过程人民民主的重要环节，成为国家政治生活的重要主题。诚如习近平总书记所言，“只有让人民来监督政府，政府才不会懈怠”①。二要在空间上形成气势恢宏的“全局观”与“变局观”。从全局来看，人民民主与社会主义现代化建设、中

① 习近平．论坚持人民当家作主［M］．北京：中央文献出版社，2021：77.

华民族伟大复兴具有千丝万缕的内在联系，“没有民主就没有社会主义，就没有社会主义的现代化，就没有中华民族伟大复兴。”① 从变局来看，全过程人民民主充分体现出中国社会主义民主政治的优势，是中国式民主的生动呈现，给予世界很多国家与民族以全新选择，为人类文明的发展与进步贡献了中国智慧与中国方案。三要在行动上持续保持坚定不移的决心和毅力。全过程人民民主意味着国家的一切权力属于人民，意味着政治权力的运行是排斥地位、财富等因素的。当前社会主义民主政治建设的成就已经充分表明，全过程人民民主具有强大的政治生命力，是符合中国国情与中国实际的、正确的民主之路。

全过程人民民主充分体现出“历史、现实、未来”贯通一体的过程性思维方法。历史是这一过程性思维的起点与基点。中华民族悠久的历史给我们留下了无数的经验与智慧，是我们成就今天、奔赴未来的根本所在。历史的根本特性就是过程性思维不会因为人们的喜怒哀乐而有所改变。过程性思维意味着我们要坚持“了解过去、把握现实、开创未来”，更意味着我们要坚持事物发展与演化的规律性、正当性。过程性思维是既观“来路”，又谋“出路”的思维方法。全过程人民民主也是如此。纵观中国社会主义民主政治制度的发展过程，我们不难发现，人民代表大会制度是中国共产党带领全国人民浴血奋战、艰辛努力、不断探索的根本性民主制度，是对近代中国政治生活的深刻总结与凝练，是经过党和人民长期实践检验的历史性成果。观“来路”，我们自然就会知道扎根祖国大地推进民主政治建设的必然性，就会明确汲取历史养分的必要性，我们就会有更多的底气、更强的动力、更大的信心谋“出路”。我们也发现，全过程人民民主与中国共产党的百年奋斗历程是一致的，中国共产党自创立之日起就谋求建设人民当家作主的社会，就致力于实现人民成为国家的主人，致力于推动人民主宰自己的命运。正是在这个意义上，我们说中国共产党的百年奋斗历程是中国共产党团结带领人民致力于全过程人民民主的奋斗历史。

---

① 习近平．论坚持人民当家作主［M］．北京：中央文献出版社，2021：74.

全过程人民民主充分体现出“重点论与两点论”高度统一的辩证思维方法。“重点论与两点论”相统一的思维方法是贯穿全过程人民民主的主线。对于国家政治制度的设计与发展，习近平总书记指出，“必须注重历史和现实、理论和实践、形式和内容有机统一。”① 这是辩证法在国家政治生活中的充分运用。全过程人民民主建设也是如此。“全过程”意味着民主政治建设要坚持历史与现实、理论与实践、内容与形式的统一，要传承历史，立足现实，既注重内容，也注重形式，这是“两点论”的典型体现。因此，要从人民在民主政治建设中的主人翁作用有没有充分发挥，从人民当家作主的程序是否完整、可操作、可实践等维度，从“民主选举、民主协商、民主决策、民主管理、民主监督”是否贯通一致，从是否既实现过程民主又实现成果民主，既实现程序民主又实现实质民主，既实现直接民主又实现间接民主，既实现人民民主又实现国家意志，系统考察全过程人民民主的实效。同时，全过程人民民主也是坚持“重点论”的中国式民主。比如，在阐述坚持中国特色社会主义民主发展道路时，重点强调坚持党的领导、人民当家作主、依法治国有机统一；在阐述坚持人民当家作主的制度体系时，重点强调人民代表大会制度是根本政治制度；在阐述构建社会主义协商民主体系时，重点强调人民政协是社会主义协商民主体系的重要渠道和专门机构。

全过程人民民主充分体现出“创新、法治与底线”三大实践思维方法。全过程人民民主既是坚持了马克思主义民主观的创新性民主探索，也是深化了新时代民主政治规律认识的创新性民主探索。这主要体现在以“人民民主的真谛”揭示社会主义民主的本质，以“解决人民需要解决的问题”阐释民主的功能，以“保证人民依法行使权力”深入呈现人民当家作主的时代境遇。全过程人民民主是彰显法治思维、与法治高度耦合的民主实践。没有法治保障的民主，是虚化的民主；没有民主推动的法治，是原地踏步的法治。从某种意义上来讲，坚持全过程人民民主的法治思维就

① 习近平．论坚持人民当家作主［M］．北京：中央文献出版社，2021：80.

是坚持推进社会主义民主政治的制度化、规范化与程序化，就是带领广大人民群众推进依法治国，全面建设社会主义民主政治，形成既有党的权威，又有人民活力，还有良好社会秩序的生动局面。全过程人民民主是坚持底线思维的民主实践。没有底线思维，可能就会出现“一盘散沙”“漫天许诺”“相互倾轧”“民族冲突”“人民无权”“内耗严重”等现象，就会破坏社会主义民主政治建设的成果，给国家安全造成严重影响。没有底线思维，就会偏离社会主义民主政治的发展方向与发展道路，就会削弱社会主义民主政治建设的优势，给党和国家带来难以弥补的损失。因此，坚持底线思维，就是坚持党的领导、人民当家作主、依法治国三者有机统一，就是坚持具有中国特色的社会主义民主政治建设道路。

4.3　全过程人民民主的政治叙事实践

全过程人民民主的实践往往通过基层与一线的运行得以充分呈现。正是在这个意义上，我们讲全过程人民民主的生成过程就是基层与一线民主治理的深刻总结与提炼过程，就是民主治理智慧与经验总结的过程。由此可见，全过程人民民主政治叙事实践离不开基层与一线，是基层与一线的生动实践丰富了全过程人民民主政治叙事。

4.3.1　全过程人民民主的政治叙事实践前提

全过程人民民主是解决实际问题的民主，是最充分体现广泛性、真实性与管用性等特征的民主。广泛、生动而又具体的全过程人民民主实践，必然要把马克思主义民主思想中国化时代化作为生动实践的根本遵循，把坚持党的领导作为生动实践的核心要素，把人民摆在更加突出的位置，把民主集中制作为生动实践的根本原则，必须注重协商民主内容与形式的创新，这也是全过程人民民主的题中应有之义。

实践证明，没有马克思主义的中国化时代化，就不可能有中国特色社会主义；没有马克思主义民主思想的中国化时代化，就不可能有全过程人民民主。马克思主义民主思想是全过程人民民主的重要理论来源，是我们推进社会主义民主政治建设的宝贵思想武器。因此，全过程人民民主是马克思主义民主理论在中国的创新性实践，充分体现出马克思主义的人民性、实践性与科学性。坚持以马克思主义民主理论为指导推进全过程人民民主实践，但并不意味着教条主义地、经验主义地对待马克思主义民主理论，也不意味着刻意死板地背诵和重复它的具体结论，更不意味着断章取义地运用它的某些词句，而是要深刻理解和把握马克思主义民主理论的科学内涵、精神实质与内在机理，以其科学的方法论与世界观指导全过程人民民主实践。同时，我们也要在推进全过程人民民主实践中不断总结新经验，不断创新和丰富马克思主义民主理论。

全过程人民民主何以坚持党的领导？一是因为全过程人民民主的目标和宗旨与中国共产党的初心使命高度契合。为人民谋幸福、为民族谋复兴、为世界谋大同是中国共产党的初心和使命。全过程人民民主的宗旨是实现人民当家作主，是人民在国家政治、经济、文化、社会等各方面享有充分的民主权利。这与中国共产党所追求的满足人民对美好生活的向往是根本一致的。二是因为中国共产党的正确领导确保了全过程人民民主的正确方向，确保了全过程人民民主的各项政策符合人民的根本利益。同时，党的领导还能及时发现民主实践中的偏差与错误，并作出及时纠正，从而实现全过程人民民主沿着正确的道路不断前行。三是因为中国共产党的领导为全过程人民民主实践提供强有力的组织保障。严密的组织体系、强大的组织动员能力是中国共产党的鲜明特点。坚持党的领导，充分发挥党组织的战斗堡垒作用、党员的先锋模范作用，必将为全过程人民民主实践提供强大的合力、支持力，从而推动全过程人民民主实践更加高效、更加有序。

人民何以放在突出的位置？从民主自身的内涵来看，民主本身就意味着人民的统治或人民的治理，充分彰显出人民的主体地位以及人民在民主实践中的自主权利。同时，马克思主义经典作家也认为，民主的真正内涵就是人民自己规定自己①。这从本质上对民主作出了界定，深刻揭示出民主的时代价值，凸显出人民当家作主的核心价值。这意味着在推进全过程人民民主实践的过程中，需要在每一个环节充分体现和贯彻人民当家作主。一是确保全过程人民民主实践的人民主体地位。这意味着在全过程人民民主实践中的每一个细节，从主题、时间、方式到过程和结果，都要有人民的广泛参与以及决定。人民的需求、人民的利益、人民的期待都是我们制定政策、推进工作的根本出发点和最终落脚点。人民的声音被听到、人民的行动被尊重、人民的建议被采纳，是全过程人民民主实践的充分体现。二是顺应时代进步与人民需求，创新民主参与的方式与渠道。全过程人民民主实践方式是传统民主参与方式与现代多元媒体参与方式的统一。因此，推进全过程人民民主实践，既要运用投票、选举等传统的民主参与方式，也要结合现代社会的发展，大力倡导运用社交平台、网络平台等现代民主参与方式，推动人民更快获取信息、更充分表达意见、更深入参与讨论。三是借鉴与运用人民的智慧，加强民主监督。全过程人民民主实践意味着民主监督的机制是持续的、深入的、全面的，也意味着民主监督的主体不是单一的，既有人大监督，也有政协民主监督，还有社会监督。以监督推动民主实践的高质量运行，以监督实现及时发现问题、及时提供建议方案、及时解决问题，实现权力的高效、高质、高量运行。

何以坚持民主集中制的基本原则？民主集中制是中国共产党长期坚持的根本组织原则与领导制度，充分体现出民主与集中的辩证统一。一是这一基本原则确保了人民当家作主的权利。坚持民主集中制，就是坚持人民充分表达自己的意愿与诉求，就是鼓励、支持人民通过各种渠道参与社会治理与政府决策。这一生动实践增强了人民的归属感、责任感与成就感，

---

① 马克思恩格斯全集（第1卷）［M］. 北京：人民出版社，1956：281.

形成了全过程人民民主广泛的民意基础。二是这一基本原则确保快速组织人民有效应对复杂问题与重大挑战。坚持民主集中制，就是坚持根据需要及时统筹资源、统一分散力量，形成强大的集体意志，聚焦共同的目标与利益，协调行动，有效解决问题。这一生动实践充分展示出全过程人民民主的独特优势，既有广泛的民主协商和讨论，也汇聚起各方的智慧和力量，既确保了民主决策的科学性，也增强了人民对政策的认同感与支持度。三是这一基本原则是个人的心情舒畅与严格遵守纪律的内在统一。这一基本原则的设计巧妙地实现了个人意见与诉求的充分表达，并严格遵守了集体的决议与纪律，既确保了个人表达意见与建议时的舒畅心情，也有利于集体的和谐稳定与工作的有序开展。

4.3.2　全过程人民民主的政治叙事实践形态

从全过程人民民主的内涵来看，其根本之处在于“全”与“过程”。“全”则意味着全覆盖、全链条、全周期，具体来讲就是全部阶段、全体人民、全部领域、全部层级，就是一个不漏、一个不落、无死角、无盲区。“过程”则意味着人民民主的贯通性，从头到尾，从开始到结束，横向到边，纵向到底，无一例外要涉及，具体来讲就是人民民主要贯穿于民主实践的充分表达、全面协商、真诚征询、科学决策、及时评价等过程①。同时，与“非全过程人民民主”相比较，全过程人民民主自身在时间上是持续的，在内容上是整体的，在具体环节上是连续的。具有较强协同能力的民主主体，自始至终在场的民主参与者，是推动全过程人民民主的根本力量②。停留在理论维度的全过程人民民主是一种制度设计，是对过去民主实践的深刻总结。只有从理论走进实践，从精神世界进入物质世界，才能充分检验全过程人民民主的科学性。因此，全过程人民民主政治叙事实

① 刘建军，张远．论全过程人民民主［J］．社会政策研究，2021（04）：95－106.

② 桑玉成．拓展全过程民主的发展空间［J］．探索与争鸣，2020（12）：9－12.

践形态进入我们的视野，成为我们高度关注的内容。

延安时期党对全过程人民民主的探索是中国共产党探索人民民主的黄金时期。在这一时期，中国共产党带领人民群众围绕民主性质、民主原则、民主认识、民主主体等方面，积极推进民主建设探索，形成了对今天仍有启发意义的典型经验。**一是充分认识到民主是目的与手段的高度统一**。毛泽东旗帜鲜明地指出，“抗日与民主互为条件……民主是抗日的保证，抗日能给予民主运动发展以有利条件”①，形成了对抗日与民主关系的正确认识。无论是革命还是抗日，从本质上来看，还是为了争取民主。结合当时的中国实际，毛泽东认为，“现在我们全国人民所要的东西，主要的是独立和民主”②。争得民主是延安时期无产阶级革命的第一步，是革命的中心任务，是众望所归。由此，民主的人民性昭然若揭。同时，以民主谋和平，以民主谋求抗日统一战线的建立，以民主保障和改善民生，成为党内外的共识，回应了党内外的政治诉求。民主的工具属性还体现在以民主作为斗争的手段，推动革命形势不断向前发展；以民主加强党的建设，增强党的向心力、凝聚力；以民主提高军队的战斗力，推动广大指战员以崭新的精神风貌投入新式整军运动；以民主推动根据地经济建设，保护革命胜利的果实。**二是深化了对民主主体的认识**。民主主体的生成、发展与变化是与时俱进的。在第一次国民革命战争时期，中国共产党对社会成员的界定、对“人民”的认识还不清晰；国共合作失败后，中国共产党往往以“劳动人民”特指工农兵。在抗日战争时期，从小资产阶级、民族资产阶级参与抗日战争的可能性出发，民主的主体演化为占全人口90%的工农士兵、开明绅士、各民主党派、海外侨胞等，甚至参加抗日统一战线的买办性的大资产阶级也进入人民的视野。在解放战争时期，民主的力量包括工人阶级、农民阶级、城市小资产阶级、被帝国主义和国民党反动政权及其所代表的官僚资产阶级（大资产阶级）和地主阶级所压迫和损害的民族

① 毛泽东选集（第1卷）[M]. 北京：人民出版社，1991：274.

② 毛泽东选集（第2卷）[M]. 北京：人民出版社，1991：731.

资产阶级[①]。总之，在延安时期民主的主体包含了多元力量，呈现出多样性，但工农群众始终占到民主力量的绝大多数，他们是党推进全过程人民民主的群众基础。**三是党内民主是人民民主的前提，党内民主引领人民民主**。众所周知，党内民主的“失灵”是第五次反“围剿”失败的原因之一。但是党内民主的发展状况与人民民主的实际境况高度关联。党内民主对人民民主的示范与引领，第一，体现在党是人民民主的领导力量，加强党的建设就是增强党对人民民主的领导力，提高党领导人民民主的积极性与战斗力；第二，体现在党内民主是推动人民民主实践的根本手段，党内民主建设既是党的建设自身的事业，也是实现更好领导人民民主事业的手段。在这一时期，中国共产党逐步形成了党内民主选举制度、党的集体领导制度、党内民主监督制度与党内法规制度等一系列制度，有力引领和推动了人民民主的丰富与发展。

新时代“枫桥经验”是全过程人民民主在基层社会的典型实践形态。新中国成立初期，浙江诸暨在开展社会主义教育运动中形成了“发动和依靠群众，坚持矛盾不上交，就地解决，实现捕人少、治安好”[②] 的成功经验，受到毛泽东同志的肯定性批示，进而在全国掀起了轰轰烈烈地学习“枫桥经验”活动。“枫桥经验”突出强调以批判、斗争、说理、教育等方式开展社会主义教育运动。历经时代演变与社会发展，“枫桥经验”的内涵与外延不断得以丰富，面对新的时代课题，逐步形成“党政动手、依靠群众、预防纠纷、化解矛盾、维护稳定、促进发展”的枫桥新经验[③]。由此可见，“枫桥经验”由初创时期的试点、推广以及聚焦特定对象、特定人物、特定领域，发展成为具有崭新时代意义的社会治理模式。因此，从目标指向性来看，“枫桥经验”与全过程人民民主是高度契合、高度关联的。基层群众在党的领导下，积极推进自治、法治、德治，以群众的积极

① 中共中央文献研究室中央档案馆编．建党以来重要文献选编（1921—1949）（第25册）[M]．北京：中央文献出版社，2011：59.

② 宋政．坚持和发展好新时代“枫桥经验”[J]．新湘评论，2023（21）：59-60.

③ 曾天雄．“枫桥经验”强大生命力的三个维度[J]．国家治理，2023（24）：56-60.

参与实现人民内部矛盾的化解，努力做到“小事不出村，大事不出镇，矛盾不上交”，这与全过程人民民主所倡导的“让人民群众更直接、便捷、广泛地参与到公共生活和公共事务管理”，是不谋而合的。具体来讲，二者的耦合主要体现在：一是全过程人民民主与“枫桥经验”都坚持党的领导，都强调将组织意图转化为推动社会治理与社会进步的动力，都强调充分发挥党的战斗堡垒作用与先锋模范作用。二是全过程人民民主与“枫桥经验”都聚焦人民美好需要的实现，凸显出人民性。全过程人民民主充分彰显出人民利益至上与人民主体地位，“枫桥经验”充分彰显出对人民的尊重，对人民成功实践的认可。前者是自上而下的治理体系，后者是自下而上的治理体系。三是全过程人民民主与“枫桥经验”都是多元主体的协同治理。全过程人民民主的实践主体包括人民主体以及各级党委、政府、人大、政协等组织主体；“枫桥经验”的治理主体包括村民、干部、乡贤等微观主体，以及各级党委、政府、人大、政协、群团组织等宏观主体。四是全过程人民民主与“枫桥经验”二者有一定的重叠与耦合。一方面，“枫桥经验”的实践主体、实践过程与全过程人民民主实践具有高度一致性；另一方面，全过程人民民主为推进“枫桥经验”提供根本的理论支持与实践引领。因此，从某种意义上来讲，“枫桥经验”的实践进程是推进全过程人民民主的“最后一公里”。

4.3.3 全过程人民民主的政治叙事实践进路

全过程人民民主实践尽管取得一些成效，形成了具有典型性与代表性的实践形态。同时，我们也要看到，囿于全过程人民民主尚处于完善阶段，人们对全过程人民民主的认识与实践需要一个过程，在推进中难免面临一些问题与挑战，这意味着我们在充分肯定全过程人民民主的同时，要努力找出共性的问题与挑战，直面问题与挑战，及时有效地解决问题与挑战。这些问题与挑战主要包括人民群众对全过程人民民主的认识不深不透，人民群众参与民主实践的充分性不够，民主实践的机制尚需完善。解决这些问题与挑战的过程就是全过程人民民主的政治叙事实践进路进入新境界的过程。

聚焦人民群众的民主认知，推进全过程人民民主体系建设。人民群众有什么样的民主认知，往往就会做出什么样的民主行动，这是推进全过程人民民主的底层逻辑。因此，一要结合人民群众的民主认知程度推进全过程人民民主体系建设，宏观上推动民主教育进入各行业、各领域，引导人民群众彻底摒弃传统的封建社会治理理念；微观上根据不同群体的民主认知状况，开展针对性的民主教育。通过民主教育，最终实现人民群众主动掌握自身的民主权利，主动争取自己的利益。二要充分体现中国共产党对民主实践的领导，深化对全过程人民民主的宣传与动员。要以各种形式与路径向人民群众讲清楚说明白全过程人民民主是社会主义民主的重要实践内容，是马克思主义民主理论的中国化时代化的最新理论成果；以各种案例与数据引导人民群众保持思想认识上的战略定力，抵御西方社会思潮对人民群众的渗透与误导，认清什么才是真正的民主；以通俗易懂的话语表达讲清楚全过程人民民主的内在机理，在全社会大力弘扬人民群众的主人翁精神，大力提高人民群众参与全过程人民民主的主动性与自觉性。

聚焦人民群众的民主能力，推进全过程人民民主质量建设。诚如伟大革命导师列宁所言，“文盲是站在政治外的。”① 高质量的民主实践前提必然是较强民主能力的人民群众。民主能力的提升不是一蹴而就的，既受制于人民群众自身的民主基础，也受制于后天的民主能力建设。因此，一要开展有针对性的民主培训，尤其是协商能力、决策能力等方面的培训，推动人民群众掌握民主的基本知识、民主的运行程序，提高人民群众参与民主实践的能力。通过民主培训，让人民群众熟知民主实践的流程与程序的同时，做到有序参与全过程人民民主实践各环节。二要围绕具体民主事例，开展鲜活生动的民主实践活动。如何迅速提高人民群众的民主能力？

① 列宁文集（第 42 卷）［M］. 北京：人民出版社，1995：232.

唯有民主实践。以具体的民主实践事例，引导人民群众亲自参与全过程人民民主的各个环节，从选举到协商，从管理到决策与监督，在民主实践活动中提高了人民群众的民主能力，深刻体会到了全过程人民民主的巨大力量，深化了对全过程人民民主的认知。基层的“民主选举”、人大的“开门立法”、政府的“开门问策”是最为典型的民主实践事例。

聚焦人民群众参与民主实践的充分性，推进全过程人民民主广泛性建设。人民当家作主不是“一言堂”“一肩挑”，也不是只停留在民主的形式，而是充分实践、广泛参与的民主实践。因此，加强全过程人民民主广泛性建设，一是作为民主体系主导力量的党组织、政府组织、自治组织与群团组织等要凝心聚力、协同配合，拓宽民主实践的渠道，增强各方民主力量的互动与互信。具体来讲，就是发挥党组织的领导与方向引领作用，深化政府对民主政策的解读，突出人大对民主法治的宣传，充分吸收自治组织、群团组织等的参与和协调，打通全过程人民民主的“最后一公里”，扫清民主力量的参与障碍。二是以新技术推动全过程人民民主走深走实。当前，以互联网为基础的新技术涌现丰富了全过程人民民主的内涵与外延，开辟了全过程人民民主的实践方式，推动全过程人民民主实践效能大幅提升。一方面，借助微博、微信、抖音、快手等网络自媒体平台实现对全过程人民民主实践的把握，实现全过程人民民主实践信息的共享与互通，确保了民主实践的公开性、透明性与公正性；另一方面，突破了时空对民主实践广泛性的限制，网络技术手段优化了民主实践的进程，即便出门在外也能参与民主实践活动。

聚焦全过程人民民主实践的机制，推进民主实践的规范化建设。如何充分发现民意、掌握民意、实现民意，是全过程人民民主实践的重大课题。民意的实现离不开全过程人民民主实践机制的有力支撑。因此，在票选机制上，要严格贯彻民主程序。选举程序是人民当家作主的风向标，“选好一个人，造福一群人”。在民选的“入口”，严格按照规章制度进行把关，大力吸纳忠诚、为民、务实、担当的候选人，把品行不端、劣迹斑斑的候选人“拒之门外”，确保政治生态的清澈干净。在民意征集机制上，要积极挖掘人民群众的智慧，推动全过程人民民主的制度化、常态化。“开门立法”中的基层立法联系点、人大代表“双联系”工作机制、党委政府的舆情直报机制都是民意征集的科学机制。这些机制充分反馈了与人民群众切身利益密切攸关的急事难事，广泛汇聚起人民群众最接地气的智慧，为党和政府的科学决策提供根本依据。在协商会商机制上，要聚焦矛盾与问题，确定协商的主题，搭建协商的平台，落实协商的成果。协商会商的主旨是把分散的意见转化为共识，是解决群众呼声最高、反映最强烈的课题，深刻体现了理性协商与实质协商的高度统一。协商会商在整合多方利益的同时，增强了群众的认同感，解决了群众的民生问题，调动了群众参与民主实践的积极性。

第5章　着力人类文明新形态构建的道德叙事

中国等社会主义国家不断学习、借鉴与吸收其他文明国家的发展经验，充分总结与深刻提炼自身的发展经验，最终形成一种先进的社会发展模式。这一模式充分反映出当今时代人类文明的价值取向，开创了具有鲜明时代特点、充分反映国家进步的共赢之路；这一模式是世界现代化进程的必然结果，是人类文明新形态。新时代推进人类文明新形态，就是要坚持马克思主义为指导，坚持走中国特色的社会主义道路，开创出不同于西方文明的和平发展之路。构建人类文明的新形态离不开对人类历史与人的发展的辩证把握，离不开对中国式现代化的道德叙事的深刻洞察。诚如习近平总书记所言，只有正确认识和把握人类社会发展规律，才能正确认识和把握人类社会发展趋势①。因此，构建人类文明新形态，就是要坚持历史唯物主义与辩证唯物主义的立场、观点与方法，就是要坚持对人类文明的历史进程作出客观公正的评价，就是在充分认识与正确把握人类社会发展趋势的基础上，不断推动人类文明新形态走向未来。

5.1　经典作家对人类文明形态的道德叙事规定

人类文明新形态的道德意蕴与马克思主义经典作家的思想有着非常紧

① 杨河，杨伊佳．习近平新时代中国特色社会主义思想的世界观和方法论［J］．中国高校社会科学，2022（05）：16．

密的联系，尤其是马克思恩格斯的思想对人类文明形态的理论贡献很大。他们基于资本主义与共产主义两种文明形态，构建了资本与人本两种理路，深刻阐释了人类文明新形态的道德规定。在对资本主义文明的道德批判维度，马克思在《莱茵报》任职期间，就开始关注老百姓的“物质利益问题”，并由此展开对资本主义制度的社会不公、道德沦丧的深入剖析，深刻呈现出对社会公正与道德规范的关切。马克思恩格斯聚焦资本的冷酷与无情剥削，在充分肯定资本主义生产力大发展的同时，也揭示了资本导致的人的异化与道德的扭曲，彰显出马克思恩格斯对人道主义与道德规范的坚守。围绕资本主义社会的经济结构和运行机制，马克思恩格斯认为，资本主义的社会不公与道德沦丧是制度性问题，只有改变制度，才能从根本上改变社会不公与道德沦丧。在共产主义文明的道德构建维度，共产主义道德原则强调集体主义，认为集体主义是共产主义道德体系的核心，充分彰显出对社会主义核心价值观的坚守和对社会公正的不懈追求；共产主义道德要求人们长期忠诚于共产主义理想和事业，无论是个人还是社会都要投身对共产主义远大理想的坚定追求，充分彰显出共产主义信仰的巨大力量；共产主义道德倡导人们发挥自身的主观能动性，以主人翁的态度与热情投身创造性劳动，以自身的创造性劳动实现自我价值，为社会的进步与人类文明的发展贡献智慧与力量，充分彰显出个人价值与社会责任的完美统一；共产主义道德突出强调实事求是的品质，这意味着必须以客观事实为依据，坚持对事物的真理性认识，自觉对错误不断作出科学性的修正，充分彰显出对科学与真理的客观性追求，是共产主义道德体系的重要内容。在人的解放与道德关照维度，马克思恩格斯高度关注人的全面发展，将道德关照与人的解放紧密结合，强调进入共产主义社会，人们将在物质层面与精神层面摆脱各种束缚与压迫，进而实现全面、自由的发展。

资本主义文明的外在表现是在资本的牵引下经济社会高速发展，实质上是资本主义生产过程与资本主义剥削并存的运行与发展，资本主义道德治理危机与主体性危机不断涌现的发展。具体来讲，资本主义文明的第一层实质是剥削，是资本家无偿占有劳动者创造的超过自身劳动力价值的价值，是对剩余价值的无偿占有；资本主义的生产过程就是资本积累与扩大再生产的过程，资本家将获取的剩余价值一部分用于个人消费，另一部分用于资本积累与扩大再生产，这必然加剧了对劳动者的剥削程度。资本主义的长期剥削状态形成了资本主义文明的第二层实质，即道德治理的危机与主体性危机。从道德治理危机的视域来看，资本形成的追求企业与个人利益的最大化，必然导致社会道德底线失守，到处充斥欺诈、偷漏税等现象与行为；一些企业在谋求自身利益最大化的过程中，或者污染了环境，或者使用了劣质材料，忽视自身应当承担的社会责任，对社会造成较大的负面影响。同时，法律的约束与监管机制的运行往往有许多漏洞，导致许多企业逃避法律的惩处，进而恶化了道德治理的生态。从主体性危机的视域来看，资本主义社会中人的社会关系因资本的介入演化为物的社会关系，人的能力演化为物的能力，由此人的主体性与自主性备受压抑；在资本主义生产过程中，劳动者以及劳动者生产的劳动产品与劳动活动都发生了异化，劳动者失去了对产品流向的掌控，对自己劳动自由权的选择；长期的机器大工业生产状态视域下的资本运行，必然对劳动者的心理产生巨大的影响，劳动者长期处于挫败感与无力感的状态，自我价值认同与生活质量持续走低，相应地会影响到劳动者的社会参与，严重制约了社会的全面进步与和谐发展。

需要特别指出的是，资本主义以其强大的资本创造了强大的物质文明，形成了开创性的物质文明景观。相比于奴隶社会、封建社会的生产力状况，资本文明所表现出的榨取劳动者的剩余价值，无疑将更有利于生产力的发展与进步，有利于更高级的新形态的要素创造。但是我们必须清醒地看到，资本在实现了生产力大发展的同时，变得冷酷无情、目中无人，变得无孔不入，渗透到社会生活的方方面面，必然导致人走向自己的对立面。原本追求自主性的工人劳动，反而失去了自身的自主性，丧失了“自由劳动”与“劳动自由”的选择权，不断被资本所奴役，最终引发道德难题与现实悖论。简单一点来讲，就是在资本的控制与影响下，劳动演化成为榨取物质文明的工具，精神文明尤其是人的道德精神逐渐被消弭，并最终消失。由此，资本创造出一种与自身相适应的意识形态，就是基于全球视域的资本，就是资本不断开疆扩土的全球空间，就是人类以精致的利己主义完成了自我异化，人的主体性出现危机，人类社会的道德力量逐渐式微。

由此可见，当务之急是积极应对资本主义文明形态中的危机，是实现创新性突破与改变。马克思主义经典作家对文明形态的道德规定属于思想认识层面，是从劳动解放、人类解放的视域提出共产主义文明形态下的道德出场，它的前提是对资本主义展开深度批判。共产主义文明形态必然是彻底摒弃资本，无情消灭私有制，重新界定资本与人之间的关系，最终确立人在文明形态中的权威与地位。简单来讲，就是要充分体现出“旧唯物主义的立足点是市民社会，新唯物主义的立足点则是人类社会或社会的人类”① 这样一个状态。这意味着马克思主义经典作家对资本主义文明形态的批判是全球性的，是世界性的，是对资本的深刻超越，更是对资本主义文明形态内在制约机制的突破，最终实现人的解放与劳动的解放同步突破。“解放”何以如此重要？如何实现“解放”？马克思主义经典作家给出了精彩回答。“自由王国只是在必要性和外在目的规定要做的劳动终止的地方才开始”②，这意味着劳动的存在具有革命的意蕴、存在承前启后的功能，它连接着过去、现在与未来，一端连接着原初的形态，另一端连接着人类的解放。马克思主义经典作家视域下的劳动是已经摆脱物化与异化束缚下的劳动，实现从政治解放到人本身解放的彻底转向，彰显出人的现实可能性，充分丰富了人的解放理论，为人的解放指明了路径。仅是人的解放不能真正体现文明形态的转型，对资本进行驾驭，将资本变为全社会的共同财产，进而改变资本自身的社会性质，打碎它的阶级属性，是文明形态转型的重要课题。这也是人类文明形态演进中的关键一环，从以“物”

---

① 马克思恩格斯文集（第 1 卷）［M］．北京：人民出版社，2009：502.

② 马克思恩格斯文集（第 7 卷）［M］．北京：人民出版社，2009：928.

衡量世间一切转向以“人”衡量万事万物，资本逐渐式微，人的逐渐崛起，这是从根本上消除资本导致的经济危机、引发的道德困境的重要前提。不言而喻，共产主义的文明形态是消除了资本“强权”本性的形态，是人的价值不断增值的文明形态，是人的支配逐渐主导与物的奴役逐渐退出的文明形态，最终发展为人既是主体又是主导、人物和谐共存的文明形态。

5.2 发展视域下新时代人类文明新形态的道德诠释

对人类文明新形态道德的探讨与思考，仅仅停留在理论上与争论上，是不科学的，也不符合研究的内在规律。只有进入社会生活，进入人类文明新形态的实践，以实践着的道德为出发点，才能对人类文明新形态的道德进行全景式扫描，实现对人类文明新形态的道德的深刻把握。

5.2.1 没有共同富裕就没有新时代人类文明形态的道德叙事

共同富裕是社会主义的本质要求，更是人类文明新形态的应有之义。共同富裕的提出与发展充分体现出人类文明新形态的根本特点，充分彰显出人类文明新形态的道德叙事。这意味着发展经济、注重效率的同时，也要高度关注社会公平与正义，在文明新形态视域下共享改革发展的成果，真正体现社会主义制度的优越性，全面引领新时代人类文明新形态的道德风貌。

共同富裕是新时代构建人类文明新形态的内在要求。这种新形态既注重物质文明的高度发展，也注重精神文明、政治文明、社会文明、生态文明等全面提升。推动经济社会发展的同时，要实现社会保障体系的不断完善，大力提高人民群众的生活水平与生活质量，全体人民共享改革开放与社会主义现代化建设的红利。

共同富裕是新时代人类文明形态的道德叙事的价值追求。人民是构建新时代人类文明形态的力量之源，以人民为中心的发展思想是构建新时代人类文明形态的根本思想。这就要求我们把最广大人民的根本利益作为构建人类文明新形态的出发点和落脚点。社会是否和谐稳定、人民的获得感、幸福感与安全感是否增强，都是构建人类文明新形态的重要指征，都是彰显新时代道德叙事价值追求的根本旨归。因此，在构建新时代文明形态视域下推进共同富裕，必然包括且不限于教育、医疗、卫生、社保等公共事业，加大力度调节收入分配，推进税收政策调整，等等。同时，这些举措也会进一步促进人类文明新形态的构建，推动经济社会的持续健康发展。

不言而喻，人类文明新形态是贴近中国实际的新形态，是对标于“实践出真知”的新形态，全体人民的共同富裕是它的根本内涵。全体人民则意味着覆盖面的广泛性与指向性，是人民而不是其他，是绝大多数人，不是少数人。全体人民共同富裕是从“人民群众美好生活的向往”到“满足人民日益增长的美好生活需要”的根本路径。这一路径的提出则进一步强调了人类文明新形态是经济社会发展既充分又平衡的文明形态。需要特别指出的是，人类文明新形态视域下的共同富裕是人民的艰苦奋斗、辛勤劳动、不懈努力的结果，不是单向度的异化劳动的结果，更不是资本主导下的共同富裕；是物质层面与精神层面的富裕，不是资本主导下的物质富裕；是全体人民根本利益一致基础上的共同富裕，不是同步富裕、同时富裕，更不是以平均主义实现共同富裕。共同富裕的过程是一个发展与进步、物质与精神的富裕过程。

5.2.2　没有高质量发展就谈不上人类文明新形态道德叙事的构建

一是高质量发展为人类文明新形态的构建提供强大的物质基础。高质量意味着发展是注重质量与效益的发展，是强调可持续的发展。高质量发展聚焦创新驱动、技术升级与产业转型，聚力经济结构优化，把提高产品质量与服务质量，提升劳动生产率与资源利用率摆在突出的位置。只有经过长期的高质量发展，才能不断增加物质财富，实现经济持续快速健康发展，满足全体人民对美好生活的新期待，才能推动社会文明的进步，进而实现人类文明新形态的构建。

二是高质量发展为人类文明新形态的道德叙事提供丰富的实践素材与一流的价值支撑。推进高质量发展的过程就是倡导诚信、正直、勤劳、创新等道德品质的过程，也是道德叙事不断获得生动案例的过程。不容忽视的是，高质量发展成果共享让人民群众切实感受人类文明新形态的进步与公正，进而不断增强对道德叙事的认同感。

三是高质量发展为构建人类文明新形态提供强而有力的人才保障。众所周知，高质量发展不仅仅是经济的高质量发展，更是人的全面进步、全面发展。以优质的医疗、教育、文化等公共服务事业大力提高人民群众的整体素养，提升人民群众的生活质量，是高质量发展的重要内容。因此，推进高质量发展的过程也是培养具有高度道德自觉的公民的过程，更是让全体中国人民共享改革发展成果的过程。

四是高质量发展为构建人类文明新形态提供良好的自然环境与社会氛围。自然环境与社会氛围是人类文明新形态的重要组成部分。绿色发展、循环发展、低碳发展是高质量发展的题中应有之义。经济社会与自然生态的和谐发展必然既有利于保护生态环境，也有利于经济社会的可持续发展。一个大力倡导尊重自然、顺应自然、保护自然的道德叙事必将为构建人类文明新形态提供更多可能。

总之，发展是解决中国当前和今后一段时期内所有问题的根本路径，高质量发展是聚焦当下中国经济社会发展实践提出的战略布局。人类文明新形态的话语意蕴天然地呈现出道德叙事的特征，高质量发展就是其重要写照。高质量发展是依靠人民的高质量发展，更是为了人民的高质量发展。人民既是高质量发展的主体，也是高质量发展的重要推动力量。只有充分释放人民群众的创造力，才能充分激发人的主体性价值。同时，发展的理念在高质量发展中扮演重要角色。有什么样的文明发展理念，就会有什么样的文明演进过程。正是创新、协调、绿色、开放、共享的新发展理念，引领着经济社会的高质量发展，推动着人类文明形态的构建。

5.2.3　没有人的自由全面发展就看不到人类文明新形态的未来

首先，人的自由全面发展意味着发展的多维、立体与综合。这不仅仅涉及物质生活的富足，还涉及精神、文化、教育、医疗等多个维度的提升。物质层面的富足，往往是指人们能够拥有充足的食物、宜居的住所，掌握最新的科技工具；精神层面的提升往往是指人们在追求真理过程中展现出善良、美好与满足，在与多元化文化产品互动中精神世界得以丰富，主动接受良好的教育，自觉提升自身的素养，乐于与他人和谐相处，等等。这一切恰恰是人类文明新形态的主要内容。

其次，人的自由全面发展深刻呈现了对人类道德价值的尊重与追求。人的自由全面发展倡导人们去追求真理、追逐美好与追寻善良，倡导激发个体才能的充分展示，倡导合力构建和谐、友善的社会生态，形成人与人之间相互理解、彼此尊重、共同合作的社会状态。这一对道德价值的追求既能够提升个体的道德素养，也能够有利于构建充满公平正义的人类文明新形态。

再次，人的自由全面发展为社会进步持续贡献力量。人的自由全面发展一旦启动，必然深度激发人的创造力与创新精神，必然形成到处散发自由全面发展气息的社会生态，进而不断引领和推动社会向前大踏步发展。一个自由全面发展的社会必然也是具有强大竞争力的社会，也是社会成员整体素养较高的社会，那么面对社会发展进程中的各种挑战，必然也能从容应对。

最后，人的自由全面发展与人类文明新形态高度关联。人类文明新形态视域下的人的全面发展将意味着人们会主动追求更高层次的精神满足，追逐更大程度的自我实现。因此，人类文明新形态的形成既是人类文明进入新阶段的标志，也是人的自由全面发展有了更大可能的标志。人的自由全面发展必然推动人类文明新形态的不断演进与持续完善。

总之，人类文明新形态的未来一定是包括但不限于优质教育资源、公平就业机会、良好文化氛围、完善社会保障体系等，一定是人的潜能与才能不断被发挥，最终实现人的自由全面发展与社会的全面进步同步推进。以人为本、以人民为中心、人民至上等叙事是人类文明新形态的现实写照，实现人的自由全面发展是人类文明新形态的永恒价值追求。如何实现人的自由全面发展？依靠人民，人民是自由全面发展的主体。人的自由全面发展的目标是什么？为了人民，为了主动回应人民的诉求与期待。人的自由全面发展的意义是什么？是人民共享发展的成果。这是从更高维度既明确发展的价值形式与内容，也界定价值分配的原则与方式。因此，我们不难发现，以私有制为基础的文明形态推进的发展是少数人坚持的个性与自由的发展，是以牺牲其他阶级的自由发展为前提的发展；以公有制为基础的文明形态推进的发展是具体的、能动的个人发展，是聚焦于人的现代化的发展。

5.2.4 共产主义是人类文明新形态道德叙事的发展必然

“一切依次更替的历史状态都只是人类社会由低级到高级的无穷发展进程中的暂时阶段”[①]，人类文明形态的演进不是一蹴而就的，而是从低级到高级不断演进的过程。随着社会的发展与进步，一定阶段的文明形态让位于更高级的文明形态，逐层递进，这意味着特定社会形态往往具有暂时

① 马克思恩格斯文集（第4卷）[M]. 北京：人民出版社，2009：270.

性。共产主义文明形态是人类社会发展进程中的道德追求，是人类社会发展的历史必然，是人类社会发展不可逆转的客观历史规律。在这里，马克思找到了人类历史进程中的最基本、最原始的关系，找到了深刻反映人与人之间联系的生产关系，并且旗帜鲜明地指出，人类社会的发展进程就是生产关系的演进过程，就是深刻反映生产力发展水平的过程。因此，社会形态的演进过程是自然历史的必然过程。

生产力与生产关系的辩证统一原理是我们研究人类文明新形态道德叙事的根本前提。围绕人类社会文明形态的更替进程，马克思主义经典作家基于生产力与生产关系的辩证统一，对人类社会发展的进程作出科学的梳理、分析和把握。生产力与生产关系的辩证统一是社会发展的根本内容。前者是推动经济社会发展进步的动力之源，后者是影响阶级结构与财富分配的进路。所有制问题既是马克思分析社会阶级关系的切入点，也是分析社会文明形态的切入点。在马克思主义经典作家的视域下，人类文明形态有两种，一是私有制文明形态，二是公有制文明形态。前者的基础是个体财产私有，社会财富的不均衡与阶级矛盾的激化是其必然。后者则是主张财产共有与财富共分，致力于社会的公平与正义。随着社会生产力的发展与人类社会的不断进步，公有制文明形态必将取代私有制文明形态，成为人类社会的主导文明形态。正是基于马克思主义经典作家的文明形态理论，我们可以清晰地看到人类社会文明形态的演进过程。在生产力与生产关系的相互作用下，人类社会从原始社会的简单共同体过渡到等级森严的奴隶社会，再到地主与农民鲜明对立的封建社会，以及资本家与工人尖锐对立的资本主义社会，而共产主义文明作为这一序列的最高阶段，成为人类社会高度发展的最高愿景。人类社会文明形态的演进也与人的依赖程度紧密关联，最初人们受物质的束缚较强，自然对物的依赖程度就高；随着社会的不断进步，人们逐渐摆脱对物的束缚，转向对人的依赖；进入共产主义文明形态，人类将进入自由而全面发展的状态，不再受任何形式的束缚和限制。共产主义文明形态不仅仅是马克思主义经典作家视域中的终极叙事，更是全人类共同追求的道德理想。这一文明形态超越了其他文明形态的局限与矛盾，聚焦于人的自由全面发展。在这一文明形态中，人们将摆脱阶级、贫富、种族等的束缚，实现真正的平等、共富与全面自由。这一道德理想既是人类社会发展的最高境界，也是人们前进与奋斗的目标。

共产主义道德叙事理论上缘起马克思主义唯物史观，实践上缘起无产阶级与资产阶级的斗争。把“唯物论”等同于“无道德”，把涉及经济利益的观点归结为“唯物论”的观点，把道德、信仰、博爱、良善等归结为“唯心论”专有，都是错误的，都是不可取的。通读马克思主义经典著作，我们不难发现历史唯物主义视域下的道德观，是主张人类社会的发展取决于生产力，而不是经济利益的道德观，这是唯物论一切论证活动的前提和根本依据。诚如瞿秋白所言，马克思主义经典作家的唯物论，既解释了道德过去、现在的来龙去脉，又告诉我们道德存在与发展的根源①。马克思主义唯物论把一切的理想、一切的认知从云端拉到地面，但这并不意味着由此否定道德叙事本身的价值。纵观世界社会主义革命运动的发展，我们不难发现，无产阶级道德从资本主义文明形态中脱胎换骨，孕育而成，是在无产阶级与资产阶级的持续斗争中产生的具有崭新时代特点的、具有突出革命性的道德。19 世纪 40 年代以后，随着马克思主义的蓬勃发展与世界社会主义革命运动的持续推进，无产阶级道德成长为一种科学的理论，架构起一套以集体主义、爱国主义、国际主义和大公无私为主要内容的共产主义道德体系。

马克思主义经典作家对共产主义、共产主义者与道德进行过深入阐述。生产力高度发展是共产主义实现人的道德发展与自由的根本前提，这意味着在共产主义社会层面上的私有已经被消灭。马克思恩格斯在《德意志意识形态》中明确指出，“共产主义者根本不进行任何道德说教”“不向

---

① 瞿秋白文集（政治理论编）（第 8 卷）[M]. 北京：人民出版社，2013：444 - 445.

人们提出道德上的要求"[①]。1920年列宁着力以共产主义道德塑造青年马克思主义，在其著作《青年团的任务》中第一次提出"共产主义道德"，在阐述教授青年学习共产主义的方法时，强调指出，"道德是为人类社会上升到更高的水平，为人类社会摆脱对劳动的剥削服务的""为巩固和完成共产主义事业而斗争，这就是共产主义道德的基础"[②]。在列宁这里，诚信是共产主义的重要道德。进入共产主义阶段，诚信将会以自身的特质克服资产阶级道德的欺骗，成为人们天然地、自觉地具备的人格内容。围绕对无产阶级道德的争议与质疑，列宁特别指出，无产阶级不排斥也不抛弃一切道德，但坚决抨击与反对某些人行一己之私的虚假道德，无产阶级道德来源于如火如荼的斗争实践，集体主义原则、爱国主义精神是其主要伦理准则。据此，列宁对"共产主义星期六义务劳动"作出高度评价，认为是"共产主义的实际开端"[③]，开创了探索人与人之间社会联系的新形式。同时，列宁还强调无限忠诚是共产主义的底色，忠诚的道德品质在社会主义革命和建设中有着无比巨大的作用，而且对社会主义诚信建设有着巨大的影响力与示范引领作用。总之，共产主义道德是无产阶级的道德，是服务于也内化于广大无产阶级的道德，是超越了资本主义狭隘道德视域的更高级的人类道德形式，是人类文明新形态的重要标志，充分体现出共产主义的时代精神。由此，邓小平指出，没有共产主义思想和共产主义道德，就建不成社会主义[④]。

5.3　构建人类文明新形态的中国道德叙事

构建人类文明新形态的中国道德叙事是一个全面、丰富而深刻的主

---

① 马克思恩格斯选集（第2卷）[M]. 北京：人民出版社，2012：275.

② 列宁全集（第39卷）[M]. 北京：人民出版社，2017：341－342.

③ 列宁全集（第37卷）[M]. 北京：人民出版社，2017：21.

④ 邓小平文选（第2卷）[M]. 北京：人民出版社，1994：367.

题，它涵盖了中华民族传统文化中的核心道德观念与价值追求，包括仁爱之心、诚信之道、礼仪之规、勤劳之志、和合之境等多个方面。这些道德观念和价值追求不仅体现了中华民族的传统美德，也为构建人类文明新形态提供了重要的道德支撑和精神动力。

5.3.1 仁爱之心：中国道德叙事的核心

作为中国道德叙事的核心内容，仁爱之心扎根于中华优秀传统文化，深刻体现出人与人之间的情感勾连，是社会和谐与进步的重要力量来源。构建人类文明的新形态离不开仁爱之心这一道德基石。

首先，仁爱之心的第一个具体体现就是人与人之间的相互关爱。这一关爱是“大爱”，更是“博爱”，这一关爱不仅仅局限在亲朋好友之间，更是进入到社会的每一个角落，形成一种“人人为我，我为人人”的良好社会氛围，每个人都感受到来自社会、来自他人的关心、关照、关怀和温暖。对于遇到困难亟须帮助的人，我们施以援手，给予力所能及的帮助；对于取得成就与成功的人，我们主动祝贺、祝福与祝愿，并给予真诚的鼓励。这种相互关爱的行动与精神，必将增强社会的凝聚力、向心力，人们将更加团结、更加自觉地共同应对来自自然、来自生活中的各种挑战，更加自如地面向未来，走入未来。

其次，仁爱之心的第二个具体体现就是对他人的尊重。个体的独一无二性，决定了每个人的思想、情感与价值观往往是独一无二的。对于一个人的选择与决定，我们往往不能轻易批判甚至指责。因此，人与人之间的交往，倾听他人的想法，尝试理解他人的感受，必要时给予足够的尊重与空间，显得无比重要。这种尊重既是对他人认可的表现，也是个体自身修为与提升的表现。这是一种开放的世界观，也是一种更加包容，更加趋向和谐的世界观。在这里，我们见世界、见自身、见未来。

最后，仁爱之心也体现在对他人的理解。每个个体的经历与体验的唯一性，决定每个人的故事不同，每个人人生背景不同。以同一化的标准去衡量一个人的过去、现在和未来，以不变的标准去评价一个人的是非功过得失，是不科学的，也是不可取的。因此，要努力尝试去从对方的角度、他人的角度去思考问题，去理解问题，去体会对方的喜怒哀乐愁。只有如此，我们才能够真正做到贴近他人心灵，与他人建立真挚的情感联系和信任关系。同时，对他人的理解与体谅有助于我们更好地处理人际冲突，更加理性地、宽容地、有分寸地去应对生活中的各种挑战。

总之，围绕构建人类文明新形态，我们应该倡导以仁爱为基础的社会关系与中国道德叙事。这意味着我们要投身这个伟大的时代，与广大人民群众携手打造一个充满爱心、尊重、理解和体谅的社会氛围，让每个身在其中的人都能找到自身的价值，找到自身的归属。当然，我们也要关注弱势群体，给予他们更多的关爱与关心，共同打造和谐、有序的社会运行态势。这就是构建人类文明新形态中国道德叙事的核心所在。

5.3.2　诚信之道：中国道德叙事的重要组成

“人无信则不立”，诚信是社会运行的基石，是人与人之间交往的基本准则，在构建人类文明新形态的中国道德叙事中具有举足轻重的地位。诚信不仅仅是社会健康运行的必要条件，更是中国道德叙事的重要组成部分。从中国道德叙事的视角来看，构建人类文明新形态，诚信的价值与意义更加重要。

首先，人类文明新形态一定是诚信价值观占主导的文明形态。构建人类文明新形态意味着要在全社会倡导诚实守信的价值导向。这需要通过各种形式、各种渠道，比如教育、媒体、社区等，推动每个人充分认识到诚信的重要价值与积极意义。因此，一要通过传统的教育模式，引导青少年树立诚信意识，形成诚信品质，最终达成人人言必称诚信、人人践行诚信、人人以诚信为自豪的氛围。二要推动媒体主动承担对诚信文化的宣传责任，以大量翔实的报道引导全社会崇尚诚信。三要引导社区开展更加接地气的诚信教育，以讲座、知识竞赛、演讲比赛等形式，既有理论的高度，也注重实践的深度，既有典型人物的诚信事迹，也有身边人的诚信行为，推动诚信的理念走进每个人的内心，化作每一个人的自觉行动。最终达成诚信成为大家的自觉行为，从个体到群体，无一例外，我们的社会运行将由此变得更加和谐、更加稳定、更有活力。

其次，人类文明新形态一定是有着完善的信用体系的文明形态。有没有完善的信用体系将直接决定着诚信行为是否得到奖励，失信行为是否得到惩戒。当前，借助于现代高科技手段，比如网络、大数据、云计算等，逐步建立起全面、准确的信用档案。这些档案记载着个人、企业等社会主体的信用状况，既包括违法违纪情况，也包括履约情况等，为评估个人与企业的信用基本状况提供重要参考。通过更多的优惠政策与更多的便利举措引导大家形成更加良好的信用记录，激励大家持续保持较好的信用行为。这主要包括依据信用记录可以获得更低的贷款利率、更高的信用额度，政府将对企业给予更多的税收、融资等方面的政策支持。这些实实在在的举措必将有效促进诚信意识的深化、诚信文化的传播与诚信价值观的确立。同时，也可以依据信用记录对失信者予以严格限制与惩戒，比如对逃债、欺诈等扰乱市场秩序的失信者，要采取限制其高消费行为、纳入失信被执行人名单等举措，逐步加大监管和处罚的力度，形成完善的失信惩戒机制，切实维护市场秩序与消费者权益。企业、政府、民众是社会诚信体系的核心主体。企业通过向社会提供安全、可靠的产品和服务，通过承担应有的社会责任，积极参与社会公益事业，树立良好的企业形象与信誉，进而打造出具有良好公信力的诚信品牌。这一无形资产将有利于企业建立良好的供应链关系、合作伙伴关系和投融资环境。政府通过公开、透明、高效、可信的工作方式，及时有效地回应社会公众关切，必将增强政府自身的公信力，有力引领社会诚信体系建设。社会公众在遵守法律法规的基础上，积极履行社会责任，参与社会公益事业，践行诚信理念，为社会的发展与进步作出应有的贡献。

5.3.3　礼仪之规：中国道德叙事的展示窗口

礼仪，充分反映出个人的修养与社会的精神风貌，深刻呈现出个人修养与精神风貌的共融。随着社会的不断进步与人类文明的不断提高，礼仪的重要性越发凸显。礼仪逐渐成为人与人之间关系的润滑剂、民族文化传承的纽带。构建人类文明新形态，就是需要以多种方式大力普及礼仪知识，提高社会公众的礼仪素养，共同打造积极向上的、文明和谐的社会氛围。

首先，对于个体而言，礼仪是一种内在修养，一种潜在修为。一个人的喜怒哀乐愁，一个人的言行举止，一个人日常学习、生活和工作，无不反映着自身的礼仪素养，无不深刻呈现着自身的修养与修为。一个注重礼仪的人，往往会给人留下较好的印象，有利于人际交往的进一步展开，有利于合作关系的深化。但是我们必须看到这种修养与修为不是一蹴而就的，而是长期自我努力、长期实践与长期积累的结果。因此，这就要求我们注重培养儿童的礼仪意识，注重引领他们养成“讲文明，懂礼貌”的好习惯。这是修养与修为的同步推进，既有助于提升个体的道德品质，也有助于个体未来的职业发展，为其社会交往打下坚实的基础。当然，礼仪的养成既非一日之功，也非一日之事，更非一家可成，而是家庭、学校与社会的协同努力。家庭是礼仪教育的第一课堂，礼仪教育的基本功就在这里养成，正是在这里父母为孩子树立了良好的榜样，发挥了重要的示范引领作用。学校则是以课堂教学与实践活动等多种形式推动学生掌握礼仪知识，形成礼仪的知识自觉与行动自觉。社会各界则是积极参与礼仪的宣传与教育，共同营造人人讲礼仪的和谐社会氛围。

其次，礼仪的重要性主要体现在公共场合与社交场合。是否遵守社会公共秩序、尊重他人、注重礼节，深刻反映出一个人的社会责任感是否强烈。公共场所的大声喧哗、乱扔垃圾、随地吐痰与随意插队等不文明行为，既严重干扰了公共秩序，也损害了个人与社会的形象。不得不说，公共场所的礼仪规范尤为重要，只有大家都自觉遵守公共场所的礼仪规范，才能形成“我为人人，人人为我”的环境卫生和公共秩序。在社交场合，礼仪的复杂性更强，多样性更明显。人与人的交往，礼仪的价值就在于要礼貌待人，尊重他人，尤其要尊重不同文化背景的人，从而深度呈现个人的素养与民族的精神风貌。在跨文化交往的社交场合，除了注重基本的礼仪，还要注重包容不同民族、不同国家、不同群体之间的礼仪的差异性，坚持开放与包容，努力去理解和接纳不同的文化习俗。

最后，礼仪素养的提高既需要实践积累，也需要理论指导。为着力提高人们的素养，教育成为首要选择。礼仪教育要从家庭抓起，从幼儿园抓起，引导儿童从小树立礼仪意识，形成礼仪行为习惯。学校在开设礼仪课程的同时，组织礼仪实践活动，推动学生在实践中学习和成长。同时，媒体要聚焦礼仪知识与礼仪典型案例的大力宣传，尤其是通过广播、电视、网络、自媒体等多个路径展开宣传，引导社会各界通过各种形式投身礼仪宣传活动，引领社会公众关注礼仪、学习礼仪、践行礼仪。除了宣传引导，还有政府政策引导，比如加大专项资金投入，推动礼仪教育进课堂；成立礼仪奖励基金，表彰对礼仪理论与实践作出突出贡献的个人和组织。同时，我们也要注意到宏观维度的任何进步离不开微观维度的付出与努力，礼仪在全社会呈现出的良好态势离不开每个人的自觉实践。只有个体意识到礼仪的重要，个体以实际行动去践行礼仪之道，大家才能一起携手打造一个文明和谐的社会氛围。

总之，礼仪不是僵化的形式，更不是僵化的规矩。它可以根据时代的进步与社会的发展及时、适时作出必要的调整与创新。只有在不断继承和发扬传统礼仪文化的基础上，充分结合现代社会的特点、运行态势与未来趋势，不断探索与创新礼仪的形式与规范，才能更好地展示中国道德叙事，才能更深刻地呈现人类文明新形态。

5.3.4 勤劳之志：中国道德叙事的进步力量

勤劳是中华民族几千来的美德，是我们文化和历史中内在的自觉意识。勤劳是一种崇高的道德品质，它代表着不懈的奋斗与努力、坚忍的毅力和追求以及对美好生活的向往与渴盼。回首中华民族的历史长河，我们不难看到，无数中华儿女以自己勤劳的双手和无穷的智慧创造了一个又一个世界奇迹。从微观上看，勤劳是身体上的劳动，尤其是主动劳动；从中观视角来看，勤劳是一种积极向上的生活态度与生活认知，代表着个体对生活的热爱与对未来的美好愿景；从宏观视角来看，个体的勤劳不仅是个人成长的加速器，更是社会进步的动力源，即便在科技进步一日千里的今天，勤劳的道德品质仍然不失为重要品质。

以勤劳实现个体或群体的目标在构建人类文明新形态过程中扮演重要角色。勤劳致富的观念往往引导和鼓励人们以自身的辛勤努力和不懈奋斗去追求自己的财富梦想，去实现自己的财富愿望。这是价值观的传承，更是社会可持续发展的必要条件。这不仅仅能够激发人们投身中国式现代化的积极性与创造性，还能够在更高维度更宽视野推动人们去创造社会财富。物质上的丰厚回报与精神上的富足获得，是人们辛勤劳作的必然结果，是对人本身的认可和肯定。我们也必须清醒地看到，不能忽视创新意识与实践能力在勤劳致富、勤劳脱贫中的重要性。单纯的体力上的勤劳不再是现代社会发展的主流，有了创新与实践加持的勤劳将会推动主体飞得更高更快更远，更能适应社会发展的需求，获得更多的机遇。不可否认的是，有智慧的勤劳将推动个体快速提升个人的综合素质和竞争力，为社会的发展和进步作出重要贡献。

个体勤劳的养成意味着在教育过程中要注重动手能力与动脑能力的培养，意味着要主动与实践活动相结合，与各种创新活动相结合，激发个体的创新思维与创造力，推动个体在实践中领悟真知、在实践中获得进步。

一个社会勤劳品质的养成也离不开社会提供的良好的创新创造氛围。政府、企业与社会亟须加强合作，协力推动创造创新大发展。政府出台政策支持和推动创新创造，企业在资金与技术上提供支持，社会组织则是提供更多的资源与平台。

勤劳的品质往往深刻体现着人们的职业素养与职业道德。勤劳致富的过程不仅仅是物质财富不断增加的过程，也是人们精神境界不断提高的过程，更是人们不断实现自我价值和社会价值的过程。从这个意义上我们讲，勤劳也意味着时刻保持敬业精神，持续提高自己的专业能力和专业水平。只有如此，我们才能够在激烈的竞争中脱颖而出，在成就个人与社会的同时实现共同发展、共同进步。

5.3.5 和合之境：中国道德叙事的精髓

和合之境是深植于中华优秀传统文化的价值理念，是中华民族孜孜以求的理想状态。它不仅仅是中国道德叙事的精髓，更深刻体现了中华民族对人与自然、人与社会和谐共生的生动理解与不懈努力。今天，构建人类文明新形态成为举国共识，和合之境就成为构建人类文明新形态的全新视角。

从字面含义来看，“和”突出强调的是和谐、和睦，是对人与人之间关系的深度观察和思考的结果。在中国传统的价值观中，“和”是一种理想的状态，是人与人之间的相互尊重与相互理解，深刻体现了一种默契；“合”则是合作与融合，是既要团结，还要协作。和合的价值认识和精神贯穿中华优秀传统文化的始终，成为中国道德叙事的精髓。透过字面含义，在更深层次上，我们自然会看到“和合之境”与传统文化中的“天人合一”的思想密切相连，这意味着突出强调人与自然的和谐统一，人类理应尊重自然，顺应自然，与自然互动、共生共荣。这一价值理念对于当今时代日益严重的环境问题具有重要的现实意义。

当今时代，全球化与逆全球化并存，无疑给世界各国带来更多挑战。不同文化背景、不同信仰观念的人们在国际事务中难免出现矛盾、摩擦和冲突。在这一大背景下，和合之境的理念倍加重要。它引领我们以开放与包容的心态去面对日益多样化的世界，去充分理解和把握世界的差异性，努力寻求各方的共同点，聚力化解矛盾、协调分歧。无论是全球化，还是逆全球化，都改变不了世界各国利益更加紧密相连的事实。和合之境的精髓提醒我们，和平与发展是实现发展和繁荣的不二法宝。任何非理性的、单方面的鲁莽行动与对抗，都不是解决问题争端和促进国际关系和谐的最优选择。

推动和合之境实现，一要在国际上加强合作，深化交流，共同聚力应对世界性的大挑战。通过力倡多边主义的价值观，努力实现框架式、全方位的国际合作，实现国家间的共同发展和繁荣；以平等、互利、共赢为原则，推动国家合作关系进入新境界。二要在社会层面大力倡导和谐共生的价值理念，形成和谐共生的社会氛围。通过教育、宣传等形式，提高全社会的文化素养和道德品质，大力培养人们的合作精神与集体荣誉感。同时，要把公平正义摆在突出的位置，既要关注弱势群体，也要让每个人都能分享到和谐社会的红利与中国式现代化的成果。三要在个人层面上，高度关注个体的修身养性，推动个体把“和合之境”内化于心，外化于行。这意味着既要努力做到尊重和理解他人，以包容、开放、善意的心态去面对人与事，还要努力提升自我、完善自我，不断为构建人类文明新形态贡献自己的智慧和力量。

第6章 指向人类命运共同体建设的实践叙事

人类命运共同体是马克思主义实践叙事的重要理论成果。这是对世界历史进程认识的新高度，是在坚持历史唯物主义的基础上，深入分析和把握社会发展的历史规律，不断深化对人类命运实践的认识，进而形成对人类命运共同体的全方位阐释。在空间视域，人类命运共同体建设凸显出构建新时代具有中国特色的大国外交理论与实践的内在；在时间视域，人类命运共同体建设深刻体现出思想政治教育实践叙事的内在逻辑理路的必然要求。在人类命运共同体的话语实践中，“人”是实践的主体，是思想政治教育实践叙事指向的对象。只有推动“人”在叙事中的发展，才能从根本上彰显实践叙事的独特魅力与时代价值。

6.1 个体的类认知是人类命运共同体实践叙事的起点

什么是类认知？类认知是人类所特有的思维方式，既深刻体现了人类的智慧，更揭示了人类的本质属性。这种认识方式与马克思对“类”概念的理解紧密关联，为我们构建人类命运共同体奠定了坚实的思想基础。

类认知，简而言之，就是人们对两个或两类事物之间在某些方面相同或相似，从而推断二者在其他方面可能相同或相似的认知方式。比较是这种认知方式的核心，没有比较，就没有类认知。正是在比较中查找不同事物之间的共同性、共通性，进而深刻洞察到一事物特性可能适用于其他事物。类认知的价值在于有助于理解和解决新情况、新问题，能够激发人们的横向联想能力，进而推动人们对各种问题的探索和创新。

类认知具有广泛的适用性，科学家们往往以类比对不同领域的现象与问题展开研究，从而发现开创性的原理；人们日用而不觉的解决问题的方法中也往往闪现着类认知，比如人们往往通过对不同类型、不同品牌手机的功能与特点之间的比较，确定哪一款手机最适合自己。同时，类认知还有过渡性特点，即从一个领域的知识过渡或平移到另一个领域，许多发明创造就是采用了这一类认知。不言而喻，类认知有利于人们敏锐地察觉到看似不相关事物之间的联系，进而推动知识的创新与进步。总体来看，类认知是一把打开新世界大门的钥匙，既能帮助人们理解世界、解决问题，推动创新与发展，也能有助于人们拓宽视野，提高观察世界、思考问题、解决问题的能力，进而实现人类社会的进步。

类概念是类认知的原初形态。马克思的“类”概念，是理解和把握人的本质的一把钥匙。这一概念深刻揭示了人与动物之间的本质区别，突出了人的自由且有意识的活动特点。这一活动既体现出人的主体性，也彰显出人的创造性。人类能够充分发挥自身的创造性，根据自身的需要和意愿去改造现实世界，去打造适合人类自身的生活环境，这是人的类特性的独特之处。因此，人的类本质呼之欲出。人的类本质是人的自由自觉的活动，是与劳动紧密联系的人的本质性特点。通过劳动，人类满足了生存的需要，在不断流淌汗水与艰辛付出中彰显出人的主体性与创造性。人类在双手与智慧的加持下，不断创造出丰富多彩的物质和精神财富，不断推动社会的全面进步与发展。因此，劳动是人的类本质的根本体现，是人类不断超越自身的力量源泉。

人的类存在是类认知的发展形态。马克思曾指出：“一个种的整体特性、种的类特性就在于生命活动的性质，而自由的有意识的活动恰恰就是人的类特性。”① 人的类存在是通过实践活动深刻呈现的。人类在持续的劳

① 马克思恩格斯选集（第 1 卷）［M］. 北京：人民出版社，2012：56.

动中把自身的本质力量向外投射，创造出一个崭新的属于人的世界。这个过程充分体现出人的社会性的一面。单个个体把自身本质力量投向外部世界，产生的效果是微不足道的；如果人以类的存在形式向外部世界投射自身的本质力量，产生的效果与影响将是巨大的，甚至是开创性的。“正是在改造对象世界的过程中，人才真正地证明自己是类存在物”①。但是人的类存在不是个体的简单叠加，不是个体的简单联合，而是在各种复杂关系的演化中发展与变化的，是在与他人的不断互动和合作中不断塑造和完善的。因此，人的类存在不是孤立的，更不是一言能概之的。总之，马克思的类概念为我们提供了一种观察与审视人的本质的全新视角。

人的类本质是类认知的底层逻辑。有什么样的类本质，自然形成什么样的类认知。人的类本质的形成与提升，离不开精神与思维的深层次的塑造。这一塑造的核心在于人的自我认知与自我实现。这主要涉及人类对世界的理解、对自身角色的定位以及对未来的愿景与追求。人类社会是一个充满互动与相互联系的社会，每个人的行为、思考与情感在对环境产生影响的同时，也受到环境的影响。这种社会性既体现在人际交往之中，也体现在人类理解和应对这个世界的过程之中。在类认知的视域下，人类将会超越个体的局限，从更广的视角、更宽的维度、更深的认知去认识和理解世界，从而更好地理解自己与他人的关系，更好地处理个人与自然、个人与社会之间的关系，更好地适应和融入自身所处的时代。人的类本质深刻呈现出个体与世界的联系以及个体在世界中的位置与价值。类认知引领个体主动认识和把握世界的客观规律，努力找到自身的位置，逐步明确自身的价值追求。这一过程是互动的，是人类实现自我价值与追求更高目标的根本路径。

众所周知，马克思主义认为，物质生产实践是人类社会发展的基石。这些实践活动既是满足人们物质需求的手段，也是人们与外部世界，尤其是与社会、自然、他人等，建立联系的根本途径。在这些活动中，劳动与

① 马克思恩格斯选集（第1卷）[M]．北京：人民出版社，2012：57.

交换发挥了巨大的作用。通过劳动与交换，人们逐渐建立起与自身之外的世界的普遍联系，进而形成各种各样的复杂多变的社会关系。这些社会关系影响到个体社会角色定位，深层次塑造了人类的认知。个体如何观察世界、如何理解自身与世界的关系，很大程度上取决于个体在社会关系中所处的位置与所扮演的角色。由此可见，物质生产实践活动既影响到个体的生存，也影响到个体的类认知。

但是，随着时代的进步与科技的发展，复杂多变的社会关系发生质的变化，从传统的局限于某一地域或某一民族，发展到全球范围的紧密关联。随着这种关联的不断加强和深化，一个更加自由、更加注重全面发展的共同体成为大家的共识与追求。在共同体内部，每个人的发展都不是孤立的，都是与共同体的进步紧密关联的；每个人的自由全面发展不是一己之力可以完成的，都是依赖于共同体的繁荣。正是共同体的发展与繁荣，为个体的成长提供了强有力的保障。个体与共同体之间的相互依存与促进，深刻揭示了人类社会发展与繁荣的内在动力。共同体内部每个人的自由全面发展推动整个社会的发展与繁荣；日益发展与繁荣的社会为每个人的充分发展提供更好的环境与外部条件。二者由此构成了人类社会持续发展的关键要素。

与此同时，人类命运共同体的时代理念应运而生，这既是对全球性问题的现实回应，也是对马克思所倡导的共同体价值理念的深化与拓展，更是中国人民与中华民族集体智慧的结晶。人类命运共同体理念秉持开放与包容的原则，借力全球各地业已形成的复杂的发达的社会关系网络，构建一个更加紧密、更具系统性、更为和谐的社会网络体系。人类命运共同体理念的提出，打破了传统的、实质价值不大的虚假共同体存在的局限与封闭。这一理念聚焦全球性的互联互通，不再局限于某一区域、某些民族或某几个国家，聚力追求实现人类的共同发展与繁荣。这一理念为人类的发展与繁荣、进步与强大提供了新的视野，深化了更多可能性认识，让我们更加自信、更加从容、更加优雅地面向未来，拥抱未来。在这一共同体中，人类共同应对各种各样的，甚至带有突发性特点的全球性挑战，比如气候变化、自然灾害、资源短缺、公共卫生等；人们共享社会发展与进步的成果，越来越多的人享有科技进步与经济繁荣带来的红利。无论是共同应对挑战还是共享发展成果，都从不同角度体现出人类命运共同体的核心价值观，为推动社会的全面进步和人的全面发展奠定了坚实的基础。由此可见，人类命运共同体的理念是对马克思主义经典作家共同体理念的继承和创新。这一继承和创新深刻揭示人类社会发展的大方向、大趋势与大进步，也为我们指明未来的各种现实可能性。正是在这一理念的指引下，人类命运共同体的构建如火如荼，持续追求个体自由全面发展和社会和谐进步成为时代的主旋律，致力于共创更加公正、更加和平与更加繁荣的世界成为全人类的共同追求。诚然，这样美好的未来，离不开每个个体的共同努力与不懈奋斗。

构建人类命运共同体不是一蹴而就的，是一个长期的过程。在这一过程中，深刻体现出个体与他物之间、他物与他物之间、他人与他人之间的相融相通的各种可能性。这一融合的过程既有各种各样的、丰富多彩的形式层面的交流与融通，也有深入内心、进入文化的实质性的交流与融通。一方面，随着人类社会的发展与进步，人们相互之间逐渐学会欣赏和包容各种差异性与多样性，尤其是五湖四海、不同文化背景、不同民族特点的差异与多样。这种包容不是容忍与退让，而是一种在更高维度与更高层面的理解和接纳。正是基于这样一种视域，人们开始从“他者”维度来审视可能存在的对立和冲突，开始站在对方的视角来看问题与寻求解决问题的办法，来理解可能导致问题产生的不同价值观和不同信仰。这样一种转变，标志着人类观察世界、认识世界与改造世界的视角发生了巨大变化，从传统的、长期的局限于自身的视域，转向将人类的差异与多样统一于漫长而多彩的历史发展进程中。另一方面，人们将以更加开阔、更有深度的思维方式来审视自身、把握世界。这种思维方式不是孤立的、不是以个体为中心的思维方式，而是一种更加全面的、更具联系的、更有体系的思维方式。在个体与他者之间的深度勾连中，人们开始反思自我，开始聚力更深层次的意义建构，而不是将他物视为工具或对象，不再机械地割裂人与人之间的关系。由此，人们开始重视人类命运共同体中的每个成员，尤其是每个成员自由而又全面的发展，并将其作为人类发展的核心价值。这一巨大转变在重构人们认识格局的同时，推动了人类社会发展模式的创新。人类社会开始聚力追求共建共享共赢的发展模式，开始突出强调团结、合作与共享，开始摒弃传统的竞争、排斥与二元思维。在这一视域下，人类形成更加紧密、更加休戚与共的整体性关系。每个个体都是相互联系、相互影响、相互促进的重要组成部分。毋庸置疑的是，构建人类命运共同体就是构建一个更加和谐、更加包容、更有生命力的命运共同体。这将意味着人与人之间的紧密联系，“你中有我、我中有你”的休戚与共的关系，都事关整个共同体命运的发展；这意味着个体与他者之间在物质层面是相互支持的，在精神层面是相互理解和共鸣的。总之，人类命运共同体的构建过程是个体与个体、个体与他者、他者与他者之间彼此不断融合的过程。这一过程既要求人们学会包容和理解差异，还要求人们转变思维方式，以更加开放的姿态、更加全面联系的观点来看待自身与社会。由此形成的人类命运共同体必然是一个充满活力、富有生命力、更加和谐、更有爆发力与冲击力的生命共同体。

纵观以上叙事，我们不难发现，构建人类命运共同体的时代进程就是深刻反映人类社会类认知生成的内在逻辑的过程，就是深刻揭示人类如何从个体走向集体、从差异寻找共性的过程，充分彰显出类认知的觉醒与成长。不得不承认，作为人类思考自身与世界关系的高段位价值判断工具，类认知的功能、作用正在逐步得以彰显。人的类认知是人类在面对自然、社会、自身时，所表现出来的一种整体性的、普遍性的思考方式。构建人类命运共同体的理论与实践过程，就是人类逐步从传统的单一视角转向理解与审视自身、他者的过程，就是深度呈现人类的类认知的体现。这意味着人类将不再是以狭隘的视角去观察世界，而是站在更高的层次上，更加全面地、更加系统地去观察问题、分析问题和解决问题；这意味着人类应该从“类”这一概念出发，共同应对挑战，共享发展的机遇与成果。因此，人类命运共同体理念是人类理论自觉、行动自觉与现实可能性的高度统一、辩证统一，类认知的显扬是人类命运共同体理念得以实现的关键所在。只有当人类都意识到自身的整体性、普遍性与相互联系性，人类命运共同体理念才能成为整个人类自觉追求的价值目标与实践遵循，人类才会抵达更加美好的未来。

6.2 共建美好生活是人类命运共同体的实践叙事目标

美好生活既充分体现出人的价值尺度的目的性追求，也深刻展现出人的价值尺度的规律性认知，是人的主观性认识与客观性超越的内在统一，更是对人类命运共同体价值目标的完美诠释。深化对美好生活的认识离不开理论、实践与情感三个维度。

理论体现认知高度，决定人类命运共同体建设走向。人类命运共同体不是一时兴起之作，而是基于长期理论探索与实践检验的经典认知。人类命运共同体是多个个体组成的集合体，个体之间的相互联系与交往、相互交流与提高共同构成其基本架构。仅有架构的形成，是远远不够的，还需要必要的交流桥梁与沟通纽带。于是，对话就走进人类命运共同体构建的视野，成为构建人类命运共同体不可或缺的方式。何谓对话？对话是共同体成员间相互理解的基础。每个共同体成员自身的背景、发展经历与价值体系具有一定的特殊性。通过对话与交流，共同体成员在分享自身看法与观点、感受与体悟的同时，增进彼此之间的了解，进而形成共同的立场与价值认知，并最终建立起真正的共同体意识。对话是寻求价值共识的根本路径。没有对话，就难以达成共识；没有共识，就难以达成共同的举措与行动。正是通过对话，共同体成员间充分交流、研讨与协商，找到彼此之间的最大公约数，找到各方都认可和接受的解决方案。共识的形成既是共同体智慧和力量的体现，也是共同凝聚力和向心力的生动体现。对话是遏制事态演化、式微矛盾的重要工具。共同体成员之间出现矛盾与冲突是不可避免的，对话是解决矛盾与冲突、促进和谐与发展的重要方式。对话的过程往往就是彼此坦诚相待、彼此倾听的过程。以对话寻求解决问题的办法则办法无处不在，以对话谋求和平与发展则美好生活指日可待。这一对话的过程必将推动矛盾的化解与共同体的自我完善与发展。对话还是构建人类命运共同体的必要条件。人类命运共同体的构建需要世界各国人民的智慧与力量，对话是世界各国人民贡献智慧与力量的重要路径。通过对话，世界各国人民在充分表达自身观点、诉求与认识的基础上，增进彼此之间的理解与信任，达成共同的认识与目标，化解彼此之间的矛盾，解决彼此之间存在的问题，才能共同构建一个开放、和平、发展、共赢的崭新的世界，携手共同创造一个更加美好的未来。

同时，还要从共同体自身充分理解和把握对话在共建美好生活中的时代价值。首先，要充分认识到共同体是人的存在方式，是人们凝聚力量、抵御风险、谋求发展与进步的根本组织形式。共同体与人类社会相伴随行，既是人类追求物质生活的保障，也是人类建设精神家园的寄托。其次，要充分认识到共同体的形成源于人的需求。共同抵御外部的威胁，共同获得生存资源，是远古时代人类的生存诉求。由此形成的共同体，演化为人类社会的基石。但共同体的形式不是一成不变的，而是经历了从氏族、部落、阶级、民族到国家等的演进形式，形成了不同的共同体组织形态。再次，还要充分认识到共同体是人类精神上的归属与寄托。人们在满足了生存需要之后，自然有了精神上的归属与认同，这是人类的深层次精神诉求。人们相互认同与自我认同的实现与维系，往往以共同体内的相互认同与自我认同为起点。最后，理解和把握对话是共同体共建美好生活的“金钥匙”，是打造共同体意识的基石。通过对话，人们实现了增进理解，达成了消除误解，形成了共同的信念和目标。人们在对话中深入了解对方的观点，深刻把握对方的情感和需求，进而调整自身的认知与行为；人们在对话中表达了自我观点，寻求了认同，展示了自身的思想、情感与价值观，并最终获得他人的理解和支持；人们在对话中倾听彼此的声音，了解对方的立场，寻求双方都可以接受的解决方案，进而维护共同体的和谐与稳定，增强共同体成员间的信任与合作。人们在加强对话与应对挑战中形成了休戚与共的共同体意识、同甘共苦的共同体精神，前者推动人们更加团结、更加勇于面对困难，深刻感受到个体的命运与共同体的命运息息相关；后者推动人们充分认识到共同体建设的付出与收获具有较强的一致性，这让我们更加珍惜彼此，更加相互支持，并共同进步。总之，以对话构建人类命运共同体，聚力人类美好生活，具有重要的现实意义与时代价值。深入而又真诚的对话以及各种有效的对话机制和平台深刻体现出各国人民休戚与共、同甘共苦的精神联系与情感纽带，成为推动全球可持续发展与社会进步的必然选择。

致力于美好生活的不懈追求是构建人类命运共同体的题中应有之义。与世界经济、科技飞速发展、各国联系日益紧密相伴的是，全球性挑战接踵而至，经济的不平等、地缘政治日益紧张、气候日渐变化等成为大家共同关注的问题。对于这些问题的解决，单靠任何一个国家、一个民族或一种文化是远远不够的。构建人类命运共同体的时代主张与理念就应运而生，它突出维护共同体成员的共同利益，倡导以对话与理解增进互信与加强合作，致力于实现全球和平发展的战略目标。一是人类命运共同体理念响应了全球新秩序的呼唤。传统的国际政治经济新秩序是以权力政治与零和博弈为根本前提的，并因此导致无法从根本上解决全球性的问题。人类命运共同体则是致力于构建平等、合理、多元的国际新秩序，强调世界各国平等共享发展的机遇与成果。二是人类命运共同体的理念深刻呈现出如何寻求共同体成员的利益最大公约数。这将意味着要从全人类福祉的视域应对全球性的问题，要主动超越狭隘的国家利益观寻求共同利益与共同价值。三是人类命运共同体理念深刻体现出合目的性与合规律性的统一。人类命运共同体价值理念的提出顺应了时代发展的潮流与历史发展的大势，成为解决全球性问题的新思路、新方案，这是合目的性的本质体现；人类命运共同体价值理念的提出建立在对人类社会发展的客观规律的科学认识基础上，具有无与伦比的理论优势与实践优势，这是合规律性的本质体现。实践中，广泛而深入的理解性对话日益成为解决全球性问题的有利条件，成为共建人类美好生活的必然选择，具体表现在疫情防控时期的信息共享、经验交流与疫苗研发；应对气候变化方面的跨国合作与研究，尤其是围绕绿色发展和低碳经济等方面的合作与研究；地区冲突和难民问题协商对话，尤其是针对难民的人道主义援助与安置，等等。

理解性对话日益成为共建人类美好生活、推进人类命运共同体建设的重要实践方略。当前，聚焦人类的美好生活，打破传统的零和博弈思维是必然选择，转向理解性对话思维范式是时代共识。因此，理解性对话不仅仅是一种交流的方式，也是一种崭新的国际交往范式，更是人类命运共同体建设的实践方略。对互相尊重与平等对话的强调，对国家之间、民族之间隔阂与猜忌的消除，是理解性对话的重要内容。那么，如何实现理解性对话？一是以文化交流奠定理解性对话的基础。理解性对话往往通过文化互动沟通达成各国人民之间的相互理解，形成真挚的友谊。二是以多边合作机制助力理解性对话的互利共赢，进而推动各国在经济、政治、文化等领域深入合作。三是以国际化视野培养国际性人才，为共建人类美好生活不断输送具有开放、包容等特点的力量。这些实践方略将有力地帮助我们消除歧视与对抗，促进世界各国和谐共处，共建一个共生共荣的美好未来。

把共建美好生活作为人类命运共同体的实践叙事目标，这是中国为应对全球性挑战、促进全球共同繁荣提出的重要战略构想。这一构想从宏观上强调要建设开放、包容、普惠、平衡、共赢的新型国际关系，世界各国在追求本国利益的同时兼顾他国合理关切，努力做到谋求本国经济社会发展与其他国家经济社会发展的一致，促进其他国家经济社会发展。随着世界各国对人类命运共同体的认识不断深化，人类命运共同体已经从理论转化为实实在在的行动。中国在人类命运共同体建设中正在发挥积极的、越来越重要的作用，正在积极推进全球治理体系的变革与建设，不断深化与世界各国的合作与交流。在这一过程中，比较有代表性与典型性的是上海合作组织命运共同体、中国—东盟命运共同体等，它们增进了相关国家间的互信与合作，为全球和平、地区发展注入新的活力与动力。具体来讲，上海合作组织命运共同体在安全、经济、人文等领域的合作，有效促进了地区的稳定与繁荣；中国—东盟命运共同体在贸易、投资、文化交流等领域的广泛合作，有力推动了地区的共同发展与进步。不得不说，这些实践举措充分彰显了中国在推动人类命运共同体建设方面的决心与信心，充分彰显了中国的全球视野与责任担当，为全球治理体系的完善和国际关系的和谐发展作出积极贡献。

落实“一带一路”倡议的过程就是建设人类美好生活的过程。“一带一路”倡议既是人类命运共同体理念的重要延伸，也是共建人类美好生活的重要思想内容。“一带一路”倡议秉持共商共建共享原则，大力推动共建国家的基础设施建设，尤其是互联互通建设，既有交通、能源、通信等硬件设施的联通，也有政策、规则、标准等软件的连接，进而推动共建国家高效开展经贸合作，共同分享经济发展的成果；推动共建国家通过文化节、艺术展览、教育交流等形式，增进各国人民之间的互相了解与信任；最终为促进全球经济发展注入新的动力、提供新的增长点，为全球经济复苏和经济增长作出积极贡献。无疑，“一带一路”倡议深入贯彻了、充分体现了人类命运共同体的实践精神，进一步推动共建各国人民更加紧密地团结在一起，协力应对挑战与困难，共同实现经济繁荣与发展，共建美好生活。总体来看，“一带一路”倡议在构建人类命运共同体中扮演着举足轻重的角色，这主要包括中国与共建国家积极构建政治互信、经济融合、文化包容的共同体生态。政治互信上，中国与共建国家间逐步形成稳固的政治关系，相互理解和信任日益增强；经济融合上，中国推出基础设施建设、贸易便利化等措施，有力促进区域内货物、资本、技术、人员等要素自由流动；文化包容上，中国鼓励和支持共建国家开展文化交流与合作，为构建人类命运共同体注入文化动力。这一具有划时代意义的共同体生态，将中国的发展融入世界的整体性发展之中，有力提升了中国在国际舞台上的地位和影响力，中国与世界各国共建美好生活成为新时代的主旋律。总之，“一带一路”倡议与众多实践举措充分证明人类命运共同体不是乌托邦式的设想，是将中国的发展与世界的繁荣有机融合，携手世界各国进入和谐共生美好时代的生动实践。

6.3　共同体价值认知贯穿人类命运共同体实践叙事始终

人类社会在不断演进过程中，逐渐形成了一种崭新的格局，即人与共同体相统一，并由此形成人的共同体价值认知。这一认知具有深远的理论意义与实践价值。这一共同价值认知是每一个共同体的参与者所普遍认同的价值认知，是每一个共同体的参与者长期坚持和尊重的价值认知。因此，共同价值认识是衡量每个共同体参与者自身价值体系确立的标尺，是确保共同体和谐稳定发展的重要因素。

共同体价值认知是共同体成员之间的共识，是彼此共享的一整套价值理念与行为准则，对于共同体加强团结、确保稳定、实现成长具有举足轻重的作用。首先，共同体价值认知能够有力增强共同体成员的归属感与认同感，共同体成员会因价值认知的引领而愿意为共同体利益付出努力。个体与共同体价值认知的一致性不会仅仅停留在思想认识上，不会仅仅认识到自身是共同体的一分子，还会积极主动地参加共同体的各项活动，投身共同体的各项事业，不断为共同体的进步与发展贡献智慧与力量。其次，共同体价值认知有利于统一内部成员的思想认识，规范内部成员的行为，优化发展路径，调适和减少各方的矛盾与冲突。因为个体的知识结构、人生阅历、社会背景与利益诉求存在差异，共同体内部成员之间的矛盾与冲突是不可避免的。共同体价值认知的作用就在于作为一种公认的、普遍的价值准则，引导共同体成员的思想与行为，帮助他们积极化解矛盾，以正确的策略应对冲突，并最终维护共同体的总体和谐、长期稳定与持续发展。

个体价值认知体系影响着个体思维方式与行为选择的深度呈现，是个体世界观、人生观的重要内容。而共同体价值认知则从宏观与长远两大视域为个体价值体系的确立提供了方向、参考与依据。同时，共同体价值认知体系必然持续影响和塑造个体价值认知体系。共同体价值认知体系的长期影响与熏陶，必然导致个体逐渐调整，甚至改变自己的价值认知，主动让自身的价值认知更加符合共同体价值认知。这一调适与转变必将有助于个体更好地适应共同体内部的学习、生活与工作，进而提升个体的社会适应能力、生活幸福感与获得感。

共同体价值认知生成的过程是个体认同共同体价值理念的过程，是个体与共同体之间深层次统一的过程。这种统一既深刻体现着个体认同和践行共同体价值认知，也全面体现着个体与共同体之间的相互依存与共同进步。一是个体在认同和践行共同体价值认知的过程中，自身的道德素养与社会责任感得到有力提升。个体将更加注重诚信、公正、互助、正义等价值认识，更加积极投身社会公益事业，持续为社会的和谐稳定作出应有的贡献，为共同体的繁荣发展奠定坚实的基础。二是共同体的存在为个体的发展与进步提供更加广阔的空间、更大的舞台。在共同体视域下，个体将获得更多的资源与更好的机会，个体自身的视野、能力与水平等将得以拓展。同时，共同体内部的交流与合作也将提升个体的沟通能力与团队协作能力，从而与社会的发展同频共振，更好地适应社会发展的需求。三是人与共同体的统一还体现在共同体的发展、进步与繁荣等方面。个体的价值认知与共同体价值认知高度契合时，二者必然会形成强大的合力共同推动共同体的发展与进步。发展与进步的成果在提升共同体整体实力与社会影响力的同时，将为个体的发展与进步提供更多的可能、机会与空间。

共同价值认知的确立源自个体共同认知与个体认同的生成。个体共同认知与个体认同的出现，从根本上来讲，是共同体价值认知的源泉。诚如张康之等学者所言，“认同是合法性的另一个面相”①，人只有认同自身所处共同体、认同自身在其中所处地位、认同自身在人类社会整体性的意义，才会确证自身所处社会、所处时代、所处世界的完满性意义。这一认同并没有割裂人与人类整体性的内在勾连，而是引领和实现个体积极投身人类命运共同体的建构，努力探索其中的历史逻辑与现实逻辑。具体来讲，一要关注认同意识与共同体之间的紧密联系，只有个体真心实意地认同自己在共同体中的角色和地位，才能从根本上感受到自身与共同体的紧密联系，进而更加积极地投身共同体的各类活动。比如，多民族国家各民族对国家的高度认同，就源于对国家共同价值认知的认同。这种认同具有强大的感召力、凝聚力与引领力，推动各民族团结一心，共同为国家的发展、进步与繁荣贡献智慧与力量。二要高度重视对共同价值认知的认同与人类命运共同体构建之间的深层关联。是否达成对共同价值认知的认同将决定人类命运共同体的构建是否具有真正的思想基础。只有从更深的维度认识到个体与自然、个体与社会是内在统一的，才能更加珍惜这种内在统一，更加努力地规范自身的行为与认知并使之更加符合人类命运共同体的逻辑进程。这一逻辑进程的探索与确立，必将推动个体更好地定位自身在人类社会整体性中的位置，更好地激发个体主动为人类整体发展贡献智慧与力量的热情。三要深刻认识和把握共同价值认知的实践意义与社会影响。共同价值认知既是理论上的必然存在，也是实践维度的根本指导原则。这一认知贯穿于人类命运共同体构建的全过程，鼓励和引导人们积极参与人类命运共同体的构建，并以实际行动践行共同价值认知，进而形成

① 张康之，张乾友．共同体的进化［M］．北京：中国社会科学出版社，2012：236.

强大的社会进步合力。最为经典的范例是中华民族共同体意识的形成、发展与铸牢，就是对“五个认同”（对伟大祖国、中华民族、中华文化、中国共产党、中国特色社会主义的认同）的深刻认识、深入理解与生动实践。这一共同价值认知的存在与发展，推动中华民族紧密团结在一起，共同投身中华民族伟大复兴的光辉征程。

共同价值认知的生成在于价值共识的确立。这是理解人类命运共同体构建的重要视角。价值共识是共同体成员对共同价值认同的体现，是共同体成员一致的价值追求，是共同体成员协调处理人与自然、人与社会、人与自身等之间关系的根本行为准则。在共同体内部，价值共识的作用不可小觑，正是由于价值共识的凝聚、整合、协调与激励作用，共同体成员有了共同的价值寄托与价值追求，在根本利益与长远利益上具有较强的一致性。正是基于这样一个前提，从人类整体共建共享共赢的历史高度，人类命运共同体这一世界性的理念与实践成为时代共识。人类命运共同体的理念与实践是超越国家意识形态和民族文化冲突的，其目的是强调各国间的互联互通、合作共赢，是各国间共同应对全球性挑战。这意味着人类命运共同体不仅是一种全球共识，更是一种推进人类社会进步与繁荣、解决全球性课题的实践进路；这意味着全球合作与发展进入新阶段，共赢与发展成为全球共识，国际治理体系的发展方向更加公正与合理，人类倡导的和平与发展、公平与正义、自由与民主等价值认知得以进一步弘扬。诚如习近平总书记所言，和平、发展、公平、正义、民主、自由是全人类的共同价值①。实践也充分证明，这些价值是世界各国人民的共同追求，是获得各国人民普遍认可的，并因此具有广泛的共鸣与深厚的基础。但是，需要特别指出的是，“和平、发展、公平、正义、民主、自由”的价值共识并不为某个国家或某个地区或某个民族所独有，也并不是西方资本主义国家所极力宣传的“普世价值”。这一价值共识是人类命运共同体参与者集体智慧的结晶，是共同价值认知的精神内核，深刻体现了世界各

① 习近平谈治国理政（第二卷）［M］. 北京：外文出版社，2017：522.

国人民的共同利益与根本愿景。众所周知，价值共识的形成绝非一蹴而就，而是各国人民持续努力与共同实践的结果。构建人类命运共同体的实践是一个各国扩大交流与合作的过程，是一个尊重各国文化差异与发展模式选择的过程，是一个积极应对各种全球性挑战的过程，更是一个不同文明之间不断交流互鉴的过程。不容忽视的是，构建人类命运共同体面对的挑战既有强权政治、国际霸权主义的严重干预，也有诸如全球治理赤字、信任赤字、发展赤字、和平赤字等亟待解决的问题。毋庸置疑的是，中国作为世界上最大的发展中国家，在构建人类命运共同体的时代进程中作用重大、意义非凡。这主要体现在，中国在积极推动国内经济社会迅速发展的同时，为全球治理体系的变革与国际经济社会发展合作提供根本动力。围绕构建人类命运共同体，中国倡议并实施“一带一路”，促进共建国家经济与社会发展的同时，为区域合作提供巨大的机遇与崭新的平台。不仅如此，中国还积极参与全球环境治理、减贫合作等一系列的国际工作，为推动构建人类命运共同体建设奠定坚实的基础，作出积极的贡献。

参考文献

一、经典文献

[1] 马克思恩格斯选集（1－4卷）[M]. 北京：人民出版社，2012（09）.

[2] 列宁选集（1－4卷）[M]. 北京：人民出版社，2012（09）.

[3] 毛泽东选集（1－4卷）[M]. 北京：人民出版社，1991（06）.

[4] 邓小平文选（1－3卷）[M]. 北京：人民出版社，1993（10），1994（10）.

[5] 江泽民文选（1－3卷）[M]. 北京：人民出版社，2006（08）.

[6] 习近平谈治国理政（第1卷）[M]. 北京：外文出版社，2018（02）.

[7] 习近平谈治国理政（第2卷）第2版 [M]. 北京：外文出版社，2018（03）.

[8] 习近平谈治国理政（第3卷）[M]. 北京：人民出版社，2022（04）.

[9] 习近平谈治国理政（第4卷）[M]. 北京：外文出版社，2023（03）.

[10] [匈] 卢卡奇（Lukacs，Georgy）著. 历史与阶级意识 关于马克思主义辩证法的研究 [M]. 杜章智等译，北京：商务印书馆，1996（07）.

[11] 葛兰西. 实践哲学 [M]. 重庆：重庆出版社，1990（07）.

[12] 阿尔都塞. 保卫马克思 [M]. 北京：商务印书馆，2010（10）.

［13］阿尔都塞．读〈资本论〉［M］．北京：中央编译出版社，2001（01）．

［14］马尔库塞．单向度的人［M］．上海：上海译文出版社，1989（02）．

［15］霍克海默．批判理论［M］．重庆：重庆出版社，1989（03）．

二、著作

［1］傅红．思想教育叙事方式研究［M］．重庆：重庆大学出版社，2020（09）．

［2］温小平．马克思主义研究文库新文化史视域下思想政治教育叙事研究［M］．北京：光明日报出版社，2022（03）．

［3］马忠．思想政治教育叙事话语研究［M］．北京：人民出版社，2021（09）．

［4］张业振．青年思想政治教育的历史叙事基于《青年实话》的研究［M］．北京：国家行政学院出版社，2023（12）．

［5］韩震．高校思想教育的理论叙事［M］．北京：外语教学与研究出版社，2019（08）．

［6］潘莉，代长彬．高校思想政治理论课叙事教学法研究［M］．合肥：合肥工业大学出版社，2017（05）．

［7］王强．高校思想政治教育叙事研究［M］．北京：中国社会科学出版社，2016（12）．

［8］王志敏，杜庆春．理论与批评：影像传播中的身份政治与历史叙事［M］．北京：中国电影出版社，2004（08）．

［9］张康之．社会治理的历史叙事［M］．北京：北京大学出版社，2006（06）．

［10］张国顺．马克思主义平等哲学的历史叙事及其现实逻辑马克思恩格斯平等理论研究［M］．南京：东南大学出版社，2018（10）．

［11］辛向阳．中国式现代化［M］．南昌：江西教育出版社，2022（03）．

［12］洪银兴．中国式现代化论纲［M］．南京：江苏人民出版社，2023（01）．

［13］郑新立．中国式现代化理论与实践［M］．北京：人民出版社，2024（01）．

［14］戴木才．大道维新中国式现代化［M］．北京：外文出版社，2024（01）．

［15］中共中央党史和文献研究院．习近平关于中国式现代化论述摘编［M］．北京：中央文献出版社，2023（11）．

［16］韩庆祥．中国式现代化开创人类文明新形态［M］．杭州：浙江人民出版社，2024（04）．

［17］李君如．中国式现代化与全球治理中国式民主全过程人民民主［M］．北京：外文出版社，2023（10）．

［18］龚云，冯颜利．中国式现代化的价值观［M］．重庆：重庆出版社，2023（12）．

［19］任初轩．国际人士谈中国式现代化［M］．北京：人民日报出版社，2023（11）．

［20］王浩．“文化共识与民族复兴”系列丛书民族精神与中华民族伟大复兴［M］．桂林：广西师范大学出版社，2024（01）．

［21］曹泳鑫．中华民族伟大复兴基本规律与思想资源［M］．上海：上海社会科学院出版社，2019（08）．

［22］中共中央文献研究室．习近平关于实现中华民族伟大复兴的中国梦论述摘编［M］．北京：中央文献出版社，2013（12）．

［23］王幸生．中华民族伟大复兴何以不可逆转［M］．北京：学习出版社，2024（01）．

［24］高全喜．何种政治？谁之现代性？现代性政治叙事的左右版本

及中国语境［M］. 北京：新星出版社，2007（11）.

［25］谢岳. 城之国治城市政治的中国叙事［M］. 北京：北京大学出版社，2018（12）.

［26］林建华. 理解中国道路丛书中国的全过程人民民主［M］. 北京：中国社会科学出版社，2022（08）.

［27］郑必坚. 读懂中国全过程人民民主在中国［M］. 北京：外文出版社，2023（04）.

［28］程竹汝. 全过程人民民主基于人大履职实践的研究［M］. 上海：上海人民出版社，2021（11）.

［29］汪仲启. 民心政治生活中的全过程人民民主［M］. 上海：学林出版社；上海：上海人民出版社，2023（03）.

［30］薛晓阳. 学校道德生活的教育叙事［M］. 镇江：江苏大学出版社，2009（06）.

［31］刘源. 当代价值与文化丛书德育中道德困境叙事的研究与实践［M］. 北京：人民出版社，2018（10）.

［32］郭笑雨. 麦金太尔的自我道德叙事理论研究［M］. 重庆：重庆出版社，2020（07）.

［33］陈学明. 走向人类文明新形态［M］. 天津出版传媒集团；天津人民出版社，2022（06）.

［34］李君如. 中国共产党的创造人类文明新形态［M］. 北京：人民出版社，2023（09）.

［35］颜晓峰. 创造人类文明新形态［M］. 北京：社会科学文献出版社，2022（09）.

［36］田鹏颖. 人类文明新形态的中国创造与世界意义［M］. 天津：天津教育出版社，2023（01）.

［37］王立胜. 中国式现代化道路与人类文明新形态［M］. 南昌：江西高校出版社，2022（06）.

［38］卢德之．论共享文明兼论人类文明协同发展的新形态［M］．北京：新星出版社，2018（01）．

［39］项久雨．守正创新的精神文明［M］．北京：社会科学文献出版社，2022（09）．

［40］戈士国．重构中的功能叙事意识形态概念变迁及其实践意蕴研究［M］．北京：人民出版社，2013（09）．

［41］［英］阿拉斯代尔·麦金泰尔著．现代性冲突中的伦理学论欲望、实践推理和叙事［M］．李茂森译，北京：中国人民大学出版社，2021（05）．

［42］秦龙，赵永帅．从马克思共同体到人类命运共同体理论逻辑与实践图景［M］．沈阳：辽宁人民出版社，2019（12）．

［43］张飞岸．马克思与人类命运共同体［M］．北京：中国财政经济出版社，2021（12）．

［44］倪娜．马克思世界历史理论与人类命运共同体构建［M］．北京：人民出版社，2022（07）．

［45］徐艳玲．从马克思共同体到人类命运共同体理论逻辑与现实向度［M］．北京：学习出版社，2023（11）．

［46］李铮．理念现实路径多维视角下的人类命运共同体构建［M］．武汉：武汉大学出版社，2021（03）．

［47］王聚芹，饶一鸣．历史唯物主义视域下的“人类命运共同体探究”［M］．哈尔滨：黑龙江人民出版社，2021（07）．

［48］杨抗抗．大变局与新战略作为世界新图景的人类命运共同体［M］．北京：中央编译出版社，2023（10）．

三、期刊

［1］张有奎，钱文静．中国式现代化与各国现代化的共同特征探析［J］．福建师范大学学报（哲学社会科学版），2024（03）：14－23＋168．

［2］谢富胜，江楠．马克思的现代化思想与中国式现代化［J］．教学与研究，2024（05）：69－84.

［3］陈伟光．治理视角下的中国式现代化与世界现代化［J］．中国人民大学学报，2024，38（02）：44－55.

［4］姚修杰．中国式现代化对西方现代化的五维超越［J］．学术交流，2024（03）：5－17.

［5］王立胜，韩玉洁．中国式现代化：物质文明和精神文明相协调的现代化［J］．山东社会科学，2023（11）：28－34.

［6］丁三青，柴鹏．出场逻辑·文化底蕴·话语建构：中国式现代化叙事的三维探赜［J］．山东社会科学，2023（11）：43－51.

［7］相雅芳，丁晓强．中国式现代化何以可能：马克思对资本主义现代化的批判及启示［J］．求是学刊，2023，50（05）：14－23.

［8］田鹏颖．中国式现代化世界观对“世界现代化之问”的创造性回答［J］．理论探讨，2023（05）：29－37.

［9］陈曙光．现代化叙事的中国逻辑与范式重构［J］．政治学研究，2023（04）：100－111＋151－152.

［10］张国启，蔺叶坤．中国式现代化叙事体系的建构：时代旨趣、思维逻辑及实践向度［J］．社会主义研究，2023（03）：1－8.

［11］许瑞涛．在中国式现代化叙事中发展人民大众的文化［J］．毛泽东邓小平理论研究，2022（11）：30－35＋108.

［12］陈金龙，李越瀚．中国式现代化叙事的世界观和方法论［J］．广东社会科学，2022（06）：15－22＋280.

［13］张慧双．图像叙事：推进思想政治教育现代化的新路向［J］．思想教育研究，2024（05）：41－46.

［14］温小平，张末含．中国式现代化视域下优化思想政治教育叙事的实践理路［J］．学校党建与思想教育，2024（10）：37－39.

［15］周露平．人文经济学的思想叙事与中国践行［J］．南京社会科

学，2024（05）：1－9＋19.

［16］李维军．语图互文：思想政治教育叙事的二元进阶［J］．思想教育研究，2024（04）：24－31.

［17］王霂凡．数字化时代思想政治教育空间叙事转向：样态、风险及其优化［J］．思想教育研究，2024（04）：39－46.

［18］王林林，双传学．列宁意识形态思想的话语叙事分析［J］．理论月刊，2024（04）：23－30.

［19］汪大本．高校思想政治教育图像叙事的生成逻辑及策略构建［J］．江苏高教，2024（04）：106－111.

［20］李霞，陈志勇．智媒时代思想政治教育叙事的新型样态、现实困境及实践路径［J］．华侨大学学报（哲学社会科学版），2024（03）：5－14.

［21］李闯．日本中世神道的儒学化叙事——以忌部正通、一条兼良的神道思想为中心［J］．外国问题研究，2024（01）：4－11＋156.

［22］张明，谷生秀．文明叙事：习近平文化思想的方法论审视［J］．新疆师范大学学报（哲学社会科学版），2024（06）：1－9.

［23］刘永梅．网络短视频思想政治教育叙事的困境及其纾解［J］．学校党建与思想教育，2024（06）：16－19.

［24］宫长瑞，张乃亮．思想政治教育数字叙事的生成逻辑、问题表征与路径优化［J］．思想理论教育，2024（03）：94－99.

［25］鞠斐扬．构建中国话语和中国叙事体系的高校实践——评《大学生思想政治教育话语转换研究》［J］．教育发展研究，2024，44（04）：2.

［26］裴晓敏，杨浏祎．高校思想政治教育审美化叙事的生成与优化［J］．江苏高教，2024（02）：89－96.

［27］顾少华．晚清中国的“法国大革命”叙事及其思想意涵［J］．学术研究，2024（01）：132－140＋178.

［28］项敬尧．数字叙事融入思想政治理论课教学探赜［J］．思想理

论教育导刊，2023（12）：129－135.

［29］王美军．思想政治教育图像叙事的理性审思与优化理路［J］．思想政治教育研究，2023，39（06）：57－62.

［30］钟启东．历史唯物主义的思想政治教育叙事［J］．北京社会科学，2023（12）：18－28.

［31］胡宝红，张建军．中华民族共同体的边疆叙事向度：谷苞先生中华民族共同性思想的主要内涵与重要贡献［J］．民族学论丛，2023（04）：49－56.

［32］曹银忠，闫兴昌．思想政治教育数字叙事：内涵、生成与优化进路［J］．思想教育研究，2023（10）：18－24.

［33］项久雨．思想政治教育现代化的叙事方式［J］．教学与研究，2023（10）：22－30.

［34］张旭．新民主主义革命时期中国共产党青年思想政治教育的历史叙事［J］．社会科学战线，2023（10）：269－274.

［35］叶方兴，孙宁．唯物史观视域下思想政治教育发生的历史叙事［J］．学校党建与思想教育，2023（17）：30－36.

［36］沈壮海，蒋从斌．论高校思想政治理论课的细节叙事［J］．中国高等教育，2023（17）：40－43.

［37］亓光，邵珍珍．思想政治教育学的叙事学论证：演进路径、研究转向与知识境遇［J］．思想政治教育研究，2023，39（04）：34－40.

［38］李勇斌．思想政治课音乐叙事探究［J］．中学政治教学参考，2023（29）：52－54.

［39］涂刚鹏，段港回．算法时代思想政治教育叙事的转向与优化［J］．思想教育研究，2023（07）：37－42.

［40］潘文丽，孟楠．中国共产党思想政治教育叙事话语的逻辑探论［J］．理论导刊，2023（07）：32－36.

［41］林志友．论马克思劳动正义思想的理论叙事［J］．马克思主义

研究，2023（06）：108－119.

［42］王三义．“时代”定位的思想支点——兼论历史叙事与趋势判断［J］．学术界，2023（06）：189－198.

［43］张会峰．高校思想政治理论课讲道理的叙事逻辑与语言转换［J］．思想教育研究，2023（05）：106－110.

［44］彭翠，庞瑞灿，王峥．论时政类微纪录片《思想的力量》的叙事特色与价值导向［J］．电视研究，2023（04）：29－31.

［45］雷长稳．思想政治教育空间叙事的作用机理与展开路径［J］．思想理论教育，2023（03）：61－66.

［46］苗露露．思想政治教育图像叙事：出场语境·表现形态·实践进路［J］．中学政治教学参考，2023（08）：44－48.

［47］颜佳华，邹煜．毛泽东意识形态思想的话语叙事分析［J］．湘潭大学学报（哲学社会科学版），2023，47（01）：10－17.

［48］黄雪英．基于主体间性的高校思政教学亲和力分析——评《高校思想教育的理论叙事》［J］．中国教育学刊，2022（12）：148.

［49］修晓辉，杜玉华．新时代高校思想政治理论课教师讲好中国共产党故事的价值意蕴、叙事原则和实践遵循［J］．思想教育研究，2022（09）：137－141.

［50］宫长瑞，张迎．人工智能时代思想政治教育叙事的转向及其实践［J］．思想教育研究，2022（09）：39－44.

［51］李勇斌．思想政治课图像叙事探究［J］．中学政治教学参考，2022（33）：31－33.

［52］李嘉谊．现代化的理论可能与中国式现代化道路的历史性叙事——《德法年鉴》时期马克思德国现代化道路思想解读与当代启示［J］．河海大学学报（哲学社会科学版），2022，24（04）：27－34＋135.

［53］袁祖社．价值理性共识与公共性优存的新文明叙事——人类命运共同体思想的原创性贡献及其世界性意义［J］．学术研究，2022（08）：

8 – 14.

［54］刘晓琳，曹银忠．网络思想政治教育跨媒介叙事研究［J］．学校党建与思想教育，2022（14）：76 – 79.

［55］杨亚凡．红色精神叙事与思想政治教育的融合［J］．中学政治教学参考，2022（23）：24 – 26.

［56］胡艺华，徐峰．论习近平的叙事艺术及其在思想政治教育中的创造性运用［J］．理论月刊，2022（06）：14 – 20.

［57］孙晓琳，庞立生．思想政治教育话语传播的本质规定、生活基础与叙事逻辑［J］．思想教育研究，2022（05）：62 – 66.

［58］何玉芳，刘星焕．中国共产党百年来思想政治教育图像叙事的历史实践及其基本经验［J］．思想理论教育导刊，2022（05）：117 – 125.

［59］伍醒，陈嘉欣．教育叙事研究的方法论蕴涵及其在思想政治教育研究中的应用［J］．思想政治教育研究，2022，38（02）：35 – 40.

［60］史宏波，谭帅男．论思想政治教育的双重叙事［J］．教学与研究，2022（04）：102 – 109.

［61］刘光华．社会法总论思想市场的学术脉络与叙事演变（1978—2018）［J］．兰州大学学报（社会科学版），2022，50（02）：74 – 89.

［62］梁晓晖．英国布克奖小说中的女性历史叙事：创作模式、动因与思想局限［J］．当代外国文学，2022，43（01）：20 – 28.

［63］刘云彬．中国共产党思想政治工作图像叙事的百年回溯［J］．理论导刊，2021（12）：103 – 109 + 117.

［64］张淼．智媒时代思想政治教育符号叙事的透视、镜像及其实践［J］．江苏高教，2021（12）：104 – 110.

［65］王明娟，岳爱华．抗战时期中国女性作家的时空叙事及思想表达（1931—1945）［J］．河北大学学报（哲学社会科学版），2021，46（06）：19 – 25.

［66］李文．论毛泽东早期政治思想的元叙事结构——以《民众的大

联合》为考察中心［J］. 现代哲学，2021（06）：66－71.

［67］荆跃兰，程东旺. 思想政治课中英雄人物叙事教学的价值及实现路径［J］. 中学政治教学参考，2021（39）：80－81.

［68］温小平，何华珍. 社会记忆与思想政治教育叙事建构、挑战及优化［J］. 思想教育研究，2021（08）：64－69.

［69］蒋福明，唐晶. 高校思想政治理论课传承红色基因的叙事化路径［J］. 思想理论教育导刊，2021（08）：127－130.

［70］杨聪粉，王倩. 互联网时代传统文化在高校思政课教学中的融入——评《高校思想教育的理论叙事》［J］. 热带作物学报，2021，42（06）：1871.

［71］谢迪斌. 高校思想政治理论课党史教学叙事话语的建构［J］. 思想理论教育导刊，2021（06）：96－99.

［72］辛向阳. 习近平新时代中国特色社会主义思想大众化叙事的多维视角［J］. 北京社会科学，2021（06）：11－15.

［73］汪大本，孙迎光. 思想政治教育图像叙事：内涵生成、现实困境及其实践策略［J］. 思想教育研究，2021（01）：38－42.

［74］吴育林，程华. 马克思早期共产主义思想的生成与叙事逻辑［J］. 广东社会科学，2021（01）：67－72.

［75］罗国忠. 实现文化强国是高校学生的重要使命——评《高校思想教育的理论叙事》［J］. 新闻爱好者，2020（09）：113－114.

［76］蒋雪莲. 思想政治教育叙事的基本功能及其策略优化［J］. 理论导刊，2020（09）：118－122.

［77］焦金波. 习近平思想政治教育认知叙事研究［J］. 思想教育研究，2020（07）：20－25.

［78］毛斐均. 思想政治理论课中的叙事方法探析［J］. 思想理论教育导刊，2020（04）：111－114.

［79］张朋. 先秦哲学的别样叙事——读牟复礼先生的《中国思想之

渊源》[J]. 哲学分析，2020，11（01）：187－195.

[80] 孟宪平. 马克思恩格斯意识形态思想的话语叙事分析［J]. 当代世界与社会主义，2020（01）：34－40.

[81] 王习胜. "思想咨商"的叙事疗法［J]. 安徽师范大学学报（人文社会科学版），2020，48（01）：27－32.

[82] 史宏波. 中华民族伟大复兴的共同体叙事探微［J]. 理论学刊，2024（03）：58－65.

[83] 周方银. 从世界历史进程看中华民族伟大复兴的重要特质［J]. 人民论坛·学术前沿，2024（06）：44－53.

[84] 青觉，曹高丁. "中华民族伟大复兴"话语彰显与中华民族共同体建设价值引领［J]. 云南师范大学学报（哲学社会科学版），2024，56（01）：71－80.

[85] 王淑兰. 从中华民族伟大复兴战略高度把握铸牢中华民族共同体意识的三个特性［J]. 中南民族大学学报（人文社会科学版），2023，43（11）：28－35＋181.

[86] 白云鹏. 双重叙事：以中国式现代化全面推进中华民族伟大复兴的理论与实践［J]. 昭通学院学报，2023，45（01）：10－17.

[87] 刘勇，仲帅. 中华民族伟大复兴：伟大建党精神形成与发展的不竭动力［J]. 江苏大学学报（社会科学版），2022，24（06）：1－10.

[88] 高博. 党的百年伟大成就与中华民族伟大复兴的内生逻辑［J]. 理论导刊，2022（11）：113－117＋124.

[89] 陈志刚. 新时代的伟大成就与中华民族伟大复兴的推进［J]. 人民论坛·学术前沿，2022（17）：4－9＋111.

[90] 李庚香. 复兴论——实践新时代中华民族伟大复兴的中国逻辑［J]. 河南社会科学，2021，29（01）：1－9.

[91] 蔡诗敏，张胥. 中华民族精神独立性与中华民族伟大复兴［J]. 社会主义研究，2019（01）：63－71.

［92］韩震．中华民族伟大复兴的文化叙事［J］．人民论坛，2017（36）：126－128.

［93］程迈．数字时代全过程人民民主宪法实现机制研究［J］．河南社会科学，2024，32（06）：43－51.

［94］陈宪良，方玉清．全过程人民民主复合性的三维审视——基于“结构—过程—功能”的分析框架［J］．经济社会体制比较，2024（03）：120－129.

［95］陈亮．数字技术赋能全过程人民民主的逻辑、机理与路径［J］．内蒙古社会科学，2024，45（03）：52－61.

［96］林修能．论全过程人民民主理论中的民主评价新思路［J］．内蒙古社会科学，2024，45（03）：62－69.

［97］秦晓茹，傅锁根．全过程人民民主赋能基层治理的意义向度、现实梗阻与实践进路［J］．内蒙古社会科学，2024，45（03）：70－76.

［98］邱雨，陆卫明．美好生活的整全性建构：全过程人民民主的“政治＋”价值域［J］．理论月刊，2024（05）：36－47.

［99］刘焕明，刘晓彤．中国共产党全过程人民民主的实践探索与时代意蕴［J］．贵州社会科学，2024（04）：11－19.

［100］李松．全过程人民民主的主体建构：理论、历史与实践［J］．郑州大学学报（哲学社会科学版），2024，57（02）：5－11＋142.

［101］于绍良．加强国际传播能力建设全面提升国际传播效能——以构建全过程人民民主的中国话语和中国叙事体系为例［J］．思想政治工作研究，2024（02）：19－21.

［102］周建超．全过程人民民主的历史叙事和实践进路［J］．兰州学刊，2023（12）：5－11.

［103］李秋烟．全过程人民民主的话语叙事结构与叙事话语建构［J］．理论月刊，2023（11）：26－35.

［104］鲁品越．全过程人民民主是实实在在的真民主——人民民主理

念的实现形式、实现条件和实践方法［J］. 马克思主义研究，2023（05）：1－11＋155.

［105］李熠. 全过程人民民主的学理阐释与实践方向——“全过程人民民主的理论与实践”高端研讨会综述［J］. 政治学研究，2023（02）：165－168.

［106］王炳权. 全过程人民民主的“三重逻辑”：全过程原则、人民精神与民主能力［J］. 马克思主义研究，2022（10）：112－121＋156.

［107］章羽，桑玉成. 辩证把握全过程人民民主的实践叙事与理论价值［J］. 思想理论教育，2022（05）：39－45.

［108］肖光荣. 全过程人民民主：人民民主特质的准确表达［J］. 湖湘论坛，2022，35（02）：14－23.

［109］郭静. 全过程人民民主：人民民主理论的新基石［J］. 人民论坛，2021（30）：58－61.

［110］张君. 全过程人民民主：新时代人民民主的新形态［J］. 政治学研究，2021（04）：11－17.

［111］贾英健. 中国式现代化的历史唯物主义文明叙事［J］. 湖北民族大学学报（哲学社会科学版），2024，42（03）：68－79.

［112］周露平. 唯物史观的历史叙事：基于《资本论》的考察［J］. 厦门大学学报（哲学社会科学版），2024，74（01）：1－11.

［113］于磊. 如何重述道统：现代道统叙事的历史化及其问题［J］. 河北学刊，2024，44（01）：217－224.

［114］李玲. 人类文明新形态的世界历史叙事［J］. 甘肃社会科学，2024（01）：69－76.

［115］钟启东. 历史唯物主义的思想政治教育叙事［J］. 北京社会科学，2023（12）：18－28.

［116］夏清，雷邓渝瀚. 用历史讲理论：着力提升纲要课教学中的叙事能力［J］. 历史教学问题，2023（06）：149－154.

［117］周建超．全过程人民民主的历史叙事和实践进路［J］．兰州学刊，2023（12）：5－11．

［118］刘卓红，刘艺．数字文明的历史唯物主义叙事［J］．学术研究，2023（10）：8－15．

［119］李金哲．中国共产党百年历史叙事逻辑探析——基于“第三个历史决议”的文本考察［J］．科学社会主义，2023（05）：140－147．

［120］罗红杰．党的意识形态视听叙事的介质生成、历史逻辑与实践机理［J］．深圳大学学报（人文社会科学版），2023，40（05）：117－125．

［121］张旭．新民主主义革命时期中国共产党青年思想政治教育的历史叙事［J］．社会科学战线，2023（10）：269－274．

［122］钟启东．马克思意识形态概念的历史叙事［J］．马克思主义与现实，2023（05）：81－89．

［123］叶方兴，孙宁．唯物史观视域下思想政治教育发生的历史叙事［J］．学校党建与思想教育，2023（17）：30－36．

［124］付文军．《资本论》的历史叙事逻辑及其辩证结构［J］．马克思主义研究，2023（08）：129－137．

［125］董敏，张士海．论历史虚无主义的数智化叙事转向及应对路向［J］．思想教育研究，2023（08）：63－68．

［126］张慧双．数字时代历史虚无主义图像叙事的表征样态及纠治进路［J］．思想政治教育研究，2023，39（04）：47－53．

［127］李亚男．中国共产党历史叙事的构建、特征与价值［J］．四川师范大学学报（社会科学版），2023，50（04）：16－23．

［128］任剑涛．向善论与中国历史叙事的融贯理念［J］．人民论坛·学术前沿，2023（12）：28－39．

［129］孔祥忠．时空叙事：中国共产党总结历史经验的一种逻辑［J］．中共福建省委党校（福建行政学院学报），2023（02）：73－83．

［130］张永刚，喻志荣．基于世界历史视域的中国式现代化叙事［J］．

华南师范大学学报（社会科学版），2023（03）：142－151＋207－208.

［131］毛小扬．第三个历史决议的叙事逻辑［J］．中学政治教学参考，2023（19）：28－30.

［132］胡海波，陈晓霞．马克思恩格斯的“历史科学”及其唯物主义叙事［J］．吉林大学社会科学学报，2023，63（03）：16－25＋235.

［133］钟宇慧．中国共产党领导下共青团历史的叙事体系构建［J］．中国青年社会科学，2023，42（02）：41－49.

［134］高亮．当前历史虚无主义叙事样态新变化［J］．人民论坛·学术前沿，2023（02）：104－106.

［135］付子堂．中国共产党创造法治文明新形态的历史叙事［J］．中国社会科学，2022（12）：45－58＋200－201.

［136］尹亮．四海一家：中华民族共同体意识的历史叙事传统［J］．中南民族大学学报（人文社会科学版），2023，43（12）：63－71＋206－207.

［137］桂艳平．革命历史的新型叙事：交互式电影、文学剧本与沉浸体验探究［J］．电影评介，2022（14）：36－39.

［138］齐卫平．百年大党历史叙事的大检阅——以中国共产党的历史决议为文本［J］．教学与研究，2022（06）：9－17.

［139］俞佳奇．党的百年奋斗历史叙事的内在张力及其方法论意涵——以第三个历史决议为中心［J］．社会主义研究，2022（03）：9－16.

［140］何玉芳，刘星焕．中国共产党百年来思想政治教育图像叙事的历史实践及其基本经验［J］．思想理论教育导刊，2022（05）：117－125.

［141］严飞．历史社会学与历史叙事和机制分析的反思［J］．南京大学学报（哲学·人文科学·社会科学），2022，59（02）：131－137.

［142］付文军．《资本论》的世界历史叙事及其当代意义［J］．学术界，2022（04）：32－41.

［143］刘喆琼，仲帅．中国共产党爱国主义历史叙事的主要特点与基本经验［J］．中南民族大学学报（人文社会科学版），2022，42（04）：

12 - 19 + 181.

[144] 杨明星，赵玉倩．中国共产党外交叙事的百年演进与历史经验［J］．国际观察，2021（06）：1 - 26.

[145] 赵斌，马沙沙，李俐璇．莫迪治下印度气候政治叙事：一种“印度式现代化”的诠释［J］．和平与发展，2024（01）：155 - 182 + 208 - 209.

[146] 司忠华．论新时代国家仪式的政治叙事［J］．青海社会科学，2022（04）：74 - 81.

[147] 涂良川．马克思《历史法学派的哲学宣言》中法哲学批判的政治叙事［J］．山东社会科学，2021（08）：26 - 32.

[148] 张文喜．历史阐释：政治、叙事与言辞结构［J］．理论探讨，2021（02）：57 - 63.

[149] 涂良川．《资本论》商品概念的政治叙事及其哲学批判［J］．哲学研究，2019（03）：36 - 42.

[150] 李志强，张娜．社区生态治理：新政治叙事与公共议题转换［J］．探索，2016（05）：118 - 126.

[151] 赵孟营．社会治理现代化：从政治叙事转向生活实践［J］．西北师范大学学报（社会科学版），2016，53（04）：117 - 122.

[152] 董凯．作为政治叙事的十七年少数民族电影［J］．电影艺术，2011（04）：99 - 104.

[153] 王雅丽．作为深度意义对话的道德叙事：本体审视、特征解读与品质追求［J］．当代教育科学，2023（08）：72 - 80.

[154] 李昊晟．马克思主义基本原理概论课教学的三重道德叙事［J］．中学政治教学参考，2023（20）：79 - 83.

[155] 张永刚．从道德无序到美德统一：麦金太尔道德叙事的构思逻辑［J］．学术研究，2022（12）：38 - 43.

[156] 陈琼．家祭仪式：乡村日常生活的道德叙事——基于一个湘南村落的考察［J］．江汉论坛，2021（02）：135 - 141.

［157］赵玉晶，王申连．道德叙事发挥作用的五种心理机制［J］．教学与管理，2020（32）：9－11．

［158］文贤庆．论道德叙事［J］．伦理学研究，2020（03）：38－45．

［159］白午光．道德叙事：拓展思想政治教育的创新路径［J］．中学政治教学参考，2016（30）：53－55．

［160］毛玲，王文涛．道德叙事中的师生主体关系："我—我"关系［J］．教育探索，2015（05）：19－21．

［161］沈茹．论作为德育方法的道德叙事［J］．齐鲁学刊，2015（03）：79－82．

［162］潘莉，王翔．道德叙事在思想政治教育中的价值和运用探析［J］．学校党建与思想教育，2014（02）：10－12．

［163］晏辉．论道德叙事［J］．哲学动态，2013（03）：61－65．

［164］陈玳．道德叙事：学校生活德育范式的新转向［J］．教学与管理，2011（33）：38－39．

［165］洪明，龙宝新．论道德叙事与学校德育［J］．教育学报，2011，7（03）：41－46．

［166］杨婕．道德叙事：德育的新途径［J］．教育探索，2009（09）：127－128．

［167］张晓东．框架理论视野下的道德叙事［J］．全球教育展望，2005，34（04）：46－49．

［168］丁锦宏．道德叙事：当代学校道德教育方式的一种走向［J］．中国教育学刊，2003（11）：5－8．

［169］洪波，赵宬斐．世界历史进程中人类文明新形态的出场及范式建构［J］．河南社会科学，2024，32（06）：60－66．

［170］王鸿铭．人类文明新形态：中国式现代化的历史政治意义［J］．学习与探索，2024（05）：9－16．

［171］郭冠清．中国式现代化创造人类文明新形态的发展逻辑——基

于马克思主义政治经济学视角［J］．经济纵横，2024（05）：21－33.

［172］王洋洋．应然·实然·必然：人类文明新形态的世界历史意义［J］．东岳论丛，2024，45（04）：84－90＋192.

［173］汤荣光．人类文明新形态生成逻辑探释［J］．东南大学学报（哲学社会科学版），2024，26（02）：5－13＋146.

［174］张晓婧．人类文明新形态：出场语境、系统架构与实践路径［J］．学海，2024（02）：5－16＋213.

［175］何建华．人类文明新形态视域下的中华伦理文明创新［J］．伦理学研究，2024（02）：10－17.

［176］刘同舫．人类文明新形态对资本逻辑的超越［J］．浙江学刊，2024（02）：5－13＋239.

［177］刘同舫．社会主义道路：人类文明新形态的科学与道义制高点［J］．当代世界与社会主义，2024（01）：57－63.

［178］王水兴．人类文明新形态的思想本质、理论内涵和实践深意［J］．学术界，2024（02）：75－82.

［179］张国献．习近平人类文明新形态观的逻辑意蕴［J］．马克思主义研究，2023（12）：57－67.

［180］李玲．人类文明新形态的世界历史叙事［J］．甘肃社会科学，2024（01）：69－76.

［181］尚晶晶．以人类命运共同体理念塑造人类文明新形态的哲学阐释［J］．学校党建与思想教育，2023（22）：86－88.

［182］王哲．论人类文明新形态的三重形态逻辑［J］．理论导刊，2023（11）：12－18.

［183］刘博宇，黄栋梁．人类文明新形态的价值超越及其世界意义［J］．学校党建与思想教育，2023（20）：10－14.

［184］秦宣，俞佳奇．人类文明形态的构成要素与发展过程——兼论人类文明新形态的深刻内涵［J］．当代世界与社会主义，2023（05）：43－52.

[185] 涂良川．中国式现代化“创造人类文明新形态”的哲学叙事[J]．华中科技大学学报（社会科学版），2023，37（05）：1－9＋30．

[186] 方松华．当代中国叙事：现代化、民族复兴与人类文明新形态建构[J]．华东师范大学学报（哲学社会科学版），2022，54（06）：3－10＋175．

[187] 吴凯．人类文明新形态的内涵特质与中国叙事[J]．探索，2022（04）：13－26．

[188] 管宁．人类文明新形态的民族文化叙事——中国式现代化新道路的文化旨归[J]．学习与探索，2021（09）：2＋10－21．

[189] 温小平，张末含．中国式现代化视域下优化思想政治教育叙事的实践理路[J]．学校党建与思想教育，2024（10）：37－39．

[190] 李霞，陈志勇．智媒时代思想政治教育叙事的新型样态、现实困境及实践路径[J]．华侨大学学报（哲学社会科学版），2024（03）：5－14．

[191] 刘涛，张媛媛．中华优秀传统文化“双创”的数字叙事及其语义修辞机制——以融合新闻叙事实践为例[J]．新闻界，2024（03）：4－15．

[192] 邱园园，庞立生．马克思主义文明观的叙事逻辑、批判要义与实践价值[J]．理论月刊，2024（02）：18－27．

[193] 周建超．全过程人民民主的历史叙事和实践进路[J]．兰州学刊，2023（12）：5－11．

[194] 侯勇，肖洋．社会主义核心价值观数字叙事：空间存在、情感嵌入与实践优化[J]．社会主义核心价值观研究，2023，9（05）：33－41．

[195] 罗红杰．党的意识形态视听叙事的介质生成、历史逻辑与实践机理[J]．深圳大学学报（人文社会科学版），2023，40（05）：117－125．

[196] 朱凯歌．民族复兴视域下中国共产党历史自觉的实践叙事[J]．社会主义研究，2023（03）：24－31．

[197] 苏勋强，李银兵．真理、价值与实践：中国式现代化的三重叙事[J]．青海社会科学，2023（02）：20－27．

［198］苗露露．思想政治教育图像叙事：出场语境·表现形态·实践进路［J］．中学政治教学参考，2023（08）：44－48．

［199］宋成．背景性知识与中国故事实践叙事的进路［J］．内蒙古社会科学，2022，43（06）：148－154．

［200］宫长瑞，张迎．人工智能时代思想政治教育叙事的转向及其实践［J］．思想教育研究，2022（09）：39－44．

［201］章羽，桑玉成．辩证把握全过程人民民主的实践叙事与理论价值［J］．思想理论教育，2022（05）：39－45．

［202］张淼．智媒时代思想政治教育符号叙事的透视、镜像及其实践［J］．江苏高教，2021（12）：104－110．

［203］袁平凡．思想政治理论类课程结构叙事的价值与实践研究［J］．学校党建与思想教育，2019（23）：61－63．

［204］马蕾．德育叙事的本性、现实样态与实践逻辑［J］．当代教育科学，2019（09）：3－8．

［205］刘宇．马克思主义实践哲学视域下的实践具体化和实践叙事问题［J］．哲学研究，2018（06）：26－33．

［206］桑建泉．构建人类命运共同体对马克思人类解放思想的创造性发展［J］．理论探索，2024（02）：43－49．

［207］马俊峰，尹文华．构建人类命运共同体的“五重”话语创新叙事研究［J］．高校马克思主义理论教育研究，2023（06）：4－14．

［208］柴素芳，韦宇婷．论构建人类命运共同体的意义叙事［J］．广西社会科学，2023（07）：91－97．

［209］马俊峰，赵海蕴．构建“人类命运共同体”国际传播叙事话语的四重逻辑［J］．国外社会科学前沿，2023（09）：29－40．

［210］郑长忠．创造人类文明新形态与构建人类命运共同体［J］．当代世界，2023（08）：27－31．

［211］李丽丽，余祥臻．构建人类命运共同体与创造人类文明新形态

[J]. 云南社会科学，2023 (01)：27 – 34.

[212] 殷文贵，王岩. 人类命运共同体：人类理想共同体从空想到科学的飞跃 [J]. 河南大学学报（社会科学版），2023，63 (01)：12 – 19 + 152.

[213] 刘同舫. 构建人类命运共同体：人类共同利益的生成逻辑与实践指向 [J]. 南京社会科学，2022 (10)：1 – 8.

[214] 熊小果. 人类命运共同体：人类文明新形态“何以可能”的三重依据 [J]. 理论学刊，2022 (05)：23 – 31.

[215] 丁立群，黄佳彤. 人类命运共同体、共同价值与人类文明新形态 [J]. 理论探讨，2022 (03)：130 – 135.

[216] 王梦可，刘林元. 马克思主义世界历史理论的叙事逻辑——兼论人类命运共同体的时代价值 [J]. 中共南京市委党校学报，2022 (01)：10 – 19.

[217] 刘泓. 人类命运共同体是人类文明形态发展的大趋势 [J]. 人民论坛，2021 (04)：35 – 37.

[218] 李泉. 数字命运共同体：建构人类命运共同体的重要路径 [J]. 西南民族大学学报（人文社会科学版），2021，42 (01)：142 – 149.

[219] 宋建丽，曾晞. 人类繁荣的新范式：构建人类命运共同体 [J]. 东岳论丛，2019，40 (03)：162 – 168 + 192.

[220] 马俊峰，王斌. 人类命运共同体的叙事与丰盈生命力的彰显 [J]. 思想政治教育研究，2019，35 (01)：1 – 7.

[221] 雷龙乾，纪方雄. 习近平“人类命运共同体”思想的历史叙事逻辑 [J]. 江汉学术，2018，37 (03)：66 – 70.

[222] 潘洵. 构建大中小学思想政治教育一体化新格局 [J]. 大学，2024 (03)：4 – 5.

[223] 刘书林. 思想政治教育学科设立40年的历史与现实考察 [J]. 思想理论教育导刊，2024 (04)：4 – 10.

[224] 骆郁廷，王凤云. 思想政治工作要注重发挥反面教材的作用

[J]. 思想教育研究，2024 (04)：47 – 54.

[225] 邓卓明，张婧钰. 新时代培育大学生勤俭节约精神的价值意蕴[J]. 思想政治教育研究，2023，39 (06)：139 – 143.

[226] 叶方兴. 论思想政治教育学科视域中的“价值引领”[J]. 马克思主义理论学科研究，2024，10 (03)：117 – 127.

[227] 倪素香，郑子瑜. 新时代高校教师思想政治状况及其提升探析[J]. 云梦学刊，2024，45 (01)：54 – 63.

[228] 史巍，秦瑞苹. 论思想政治教育实效性评价的若干基础问题[J]. 思想理论教育导刊，2023 (08)：141 – 147.

[229] 董辉，孙少帅. 以新时代教育家精神引领教师教育高质量发展[J]. 陕西师范大学学报（哲学社会科学版），2023，52 (05)：37 – 45.

[230] 邵彦涛. 提升社会主义核心价值观的网络认同 [J]. 人民论坛，2021 (09)：101 – 103.

[231] 邹绍清，卢毛毛. 中华民族现代文明的丰富蕴涵与精神标识[J]. 思想理论教育，2023 (09)：33 – 39.

[232] 刘爱玲，袁峰龙. 中国共产党思想政治教育话语主题的发展历程、经验及启示 [J]. 思想理论教育导刊，2023 (12)：112 – 120.

[233] 杨波，戴艳军. 新时代思想政治教育话语的理论与表达双重锻造探析 [J]. 思想教育研究，2021 (03)：19 – 23.

[234] 冯刚. 思想政治教育学科 40 年发展的规律性把握与时代展望[J]. 马克思主义理论学科研究，2024，10 (04)：4 – 14.

[235] 孙其昂. 推进思想政治教育基础理论的体系研究 [J]. 社会科学辑刊，2024 (03)：76 – 83.

[236] 张金福，石书臣. 伟大建党精神涵育时代新人的价值意蕴[J]. 学校党建与思想教育，2023 (09)：52 – 56.

[237] 王学俭，徐曼. 中国式现代化视阈下的思想政治教育一体化研究 [J]. 教学与研究，2023 (11)：66 – 74.